나는 집도 없이
에어비앤비로
월세 받는다

일의 **즐거움**과 높은 **수익**,
둘 다 잡는 아주 유쾌한 **재테크**

나는 집도 없이 에어비앤비로 월세 받는다

RENT

| 개정판 |

캐스퍼 지음

(프롤로그)

나는 어떻게
에어비앤비 호스트가 되었나

뒤늦게 공부하는 재미에 푹 빠졌다. 수능을 보기 전까지는 그렇게 재미없었던 공부가 막상 대학을 가니 너무나도 재미있었던 것이다. 내친김에 부족한 부분을 채우려 대학원까지 진학했고, 계속해서 공부를 이어 가기 위해 유학을 준비했다. 좋은 대학을 나와 좋은 직장에 가면 미래를 준비할 수 있겠다고 생각했기 때문이다. 그저 열심히만 하면 된다고 생각했다.

남들 자는 시간에 깨어서 열심히 공부했고, 마침내 미국 톱클래스 대학의 입학 자격을 얻었다. 이제 모든 준비가 끝났다고 생각했다.

그리고 박사를 준비하기 위해 떠난 유학길. 하지만 희망찬 미래를 꿈꾸며 공부에 매진하리라는 생각은 곧 무너져 버렸다. 세계 유수의 대학 중 하나를 다니는 선배들의 고민이 너무나도 무거웠기 때문이다.

'학자금 대출에 빚이 잔뜩인데, 결혼은 어떻게 하지?'
'언제 졸업해서 언제 애를 낳아 키우지?'
'한국에 돌아가면 어떻게 집을 사지?'
'30대 중·후반이 되어서 시작한 박사 연구원도 50대 중반이면 그만둬야 하는데, 그럼 노후는 어떻게 해야 할까?'

선배들은 오랜 공부로 인한 뒤처진 사회 진출과 늦은 취업으로 우울해 보였고, 이 모습이 마치 학자금 대출을 뒤로하고 온 나의 미래인 것 같았다. 아니, 내 미래와 판박이였다.

이런 고민을 하던 와중에 운 좋게도 나는 우리나라 대기업에 입사가 결정되어 다시 인생의 항로를 바꾸게 되었다.

직장을 위해 한국으로 돌아온 나는 친구들과 만나서 오랜만에 회포를 풀었는데, 20대 때와 달리 30대의 그들이 왠지 새롭게 보였다. 친구들은 이미 한 집안의 가장이 되어 있었고, 집도 있었으며, 오너드라이버로 차를 몰고 와 나를 픽업해서 약속 장소로 데려가는 모습이 무척이나 멋있게 보였던 것이다.

'나는 언제쯤 차를 살 수 있을까? 그리고 언제 종잣돈을 모아서 친구들처럼 집을 사고 재테크를 이야기할 수 있을까?'

나에게 맞는 재테크를 찾아라

직장을 다니며 월급을 모아 보려 했지만 쉽지 않았다. 대기업인지라 우리나라 직장인들 평균 이상의 급여를 받았음에도 불구하고 학자금 대출과 월세, 경조사비 및 각종 사회적인 활동으로 인한 지출 그리고 생활비를 빼고 나면 내 손에 쥐어지는 금액은 얼마 되지 않았다.

그런 데다가 1년에 1,000만 원씩 10년을 모아 1억 원을 만든다고 하더라도 아파트값 역시 1억 원 이상 올라 있을 것만 같았다. 그러다 보니 '아뿔싸, 열심히 월급만 모아서는 10년 안에 집을 사고 미래를 준비하기가 쉽지 않겠구나' 하는 생각이 들었다. 그제야 재테크의 중요성에 눈을 뜨게 되었고, 친구와 함께 재테크 강의를 들으러 다녔다. 특히 아파트, 빌라, 경매, 무피투자, 갭투자, 시세 차익 등 다양한 그리고 자극적인 부동산 관련 강의를 열심히 들었다.

하지만 적지 않은 강의료를 쏟아부었음에도 성과는 그다지 좋지 않았다. 그리고 가치투자, 즉 당장에 수익이 되지 않는 그 투자 방법은 구미가 당기지 않았다. 나는 당장 수익이 되는 재테크가 좋았다.

월세 이상의 수익을 올린다고?

'어떤 재테크가 나와 맞을까?' 이런 고민을 하며 각종 경제 뉴스를 챙겨 보던 중 어느 날 '에어비앤비'라는 타인의 집을 렌트하여 남는 방을 빌려준다는 서비스를 알게 되었다. 처음에는 "돈 쉽게 버네"라고 남의 일처럼 생각하였지만, 얼마 지나지 않아 유사한 기사가 또 난 것을 보고 호기심에 에어비앤비 홈페이지(www.airbnb.com)에 접속하여 들여다보게 되었다. 그때껏 외국 서비스라 외국에만 호스트가 있는 줄 알았는데, 한국에도 이미 호스트들이 있었다! '그렇다면 집이 없는 나도 타인의 집을 빌려 호스트를 할 수 있지 않을까?' 하는 생각에 가슴이 뛰기 시작하였다. 투자할 금액이 많지 않은 나에게 에어비앤비 투자는 엄청나게 매력적으로 다가왔다.

그 뒤 천천히 서울 지역을 중심으로 다른 호스트들의 실제 운영 사례들을 살펴보면서 한 달에 벌어들일 수 있는 수익과 한 달에 며칠 정도 예약이 되는지 등을 체크하였다. 그러면서 주말에는 숙소로 적합한 곳을 찾기 위해 부동산을 돌아다녔다. 40여 군데 이상의 집을 살펴본 후에 월셋집을 계약하였고, 드디어 나만의 숙소를 오픈하게 되었다.

어렵게 용기를 낸 일이었으나, 막상 시작을 하려니 걱정이 너무나도 많았.

'과연 외국인 관광객들이 예약할까?' '월세만 날리는 것은 아닐까?' '부업으로 운영할 수 있을까?' '고작 이 집 하나로 얼마나 수익을 낼 수 있을까?' 이 모든 것이 걱정이었다.

하지만 걱정과 달리 외국인 관광객들은 꾸준히 내 숙소를 찾아와 주었고 월세 및 관리비를 충당하고도 충분한 수익이 발생하였다. 호스트로 매월 월급 이상의 부수익이 남게 되니 월급은 에어비앤비 숙소의 월세와 생활비, 각종 경조사비, 통신비와 용돈 등으로 사용하고 에어비앤비 호스팅 수익은 전부 저축할 수 있었다. 매일 복권을 긁어 당첨되는 듯한 날들이 이어졌다.

이제는 나도 내 집과 꿈이 생겼다

이제 대출은 전부 갚고, 월세를 받아 안정적인 생활을 할 수 있게 되었다. 직장에 다니면서 월급을 받고, 또 에어비앤비 호스트로서 수익을 내니 금전적으로나 심적으로 삶에 여유가 생겼다.

삶에 금전적 여유가 생기니 예전의 꿈도 다시 그릴 수 있게 되었다. 내가 정말 하고 싶은 일이 생각나기 시작한 것이다. 이미 재정적인 여유가 있었기에 나는 편안한 마음으로 퇴직을 결정하고 내가 하고 싶었던 일을 하고자 회사를 설립했다. 그리고 지금은 나만의 방식으로 노후와 미래를 만들어 나가고 있다.

하고 싶었던 일은 왜 이리 재미있고 즐거울까? 그리고 나는 어떻게 하고 싶은 일을 할 수 있게 되었을까? 가장 큰 원동력은 '에어비앤비 호스트'라는 재테크 방법이 수익을 창출해 주었기 때문이다.

현재 우리나라를 방문하는 외국인 수는 코로나19 팬데믹 사태 직전인 2019년 수준으로 회복되었다. 2019년은 역대 가장 많은 외국인 방문객이 한국을 찾은 해이기도 하다. 지금 우리나라는 2025년의 방한 관광객 목표 2,000만 명을 향해 달리고 있으며, 앞으로 3,000만 명을 목표로 하고 있다. 그런데 관광 경기에 비해 부족한 숙소 및 인프라가 케이트래블K-Travel의 약점으로 꼽힌다. 호스트들이 숙소를 오픈했다가 반짝 수익만 내고 1년 후 신규 숙소로서의 혜택이 끝나면 숙소를 처분하는 경우를 많이 보게 된다. 이는 숙소 오픈 전 시장 조사와 계획의 부재, 그리고 숙소 운영의 스킬이 부실했기 때문이다.

따라서 이제는 전업 또는 부업 호스트로서 수익을 내려면 도전정신만 가지고 무작정 달려드는 것이 아닌, 전략적 접근이 필요하다.

즉 경쟁력 있는 호스트가 되기 위해서는 다양한 온라인 숙박 예약 플랫폼Online Travel Agency, OTA과 부킹엔진Booking Engine 등의 예약 시스템을 사용해야 한다. 이를 통해 숙소 운영을 더욱 원활하게 하고, 기타 관련 서비스 등을 이용해서 부수익을 올리고 별점 및 리뷰 관리를 항상 해야 하는 것이다. 그리고 무엇보다 중요한 것은 성공한 호스트들을 통해 각종 노하우를 배우는 것이다.

그것은 단순한 인터넷 검색이 아닌 에어비앤비 호스트 관련 커뮤니티에서 활동하는 다른 호스트들과의 교류 및 각종 세미나 참석을 통해서 가능하다.

호스트가 되고자 하는 이유는 다양할 것이다. 부디 이 책을 읽고 많은 사람이 성공적인 에어비앤비 호스트가 되어 노후 대비 및 퇴직 후의 미래에 대한 준비 그리고 좀 더 여유롭고 안정적인 삶을 이어 갈 수 있길 간절히 바란다.

이 책이 나오기까지 많은 분들의 수고와 격려가 있었지만, 특히 가족들에게 고마운 마음을 표하고 싶다.

예쁜 내 사랑 여보. 나와 결혼하고 생을 같이 해 주어서 정말 고마워. 예쁜 아들도 둘이나 낳아 주어서 우리의 삶이 더욱 훈훈하고 보람된 것 같아. 나의 두 아들 그리고 막내딸, 아빠가 항상 사랑한다. 우리 평생 같이하자.

캐스퍼

(차례)

프롤로그   나는 어떻게 에어비앤비 호스트가 되었나   4

Chapter 1 에어비앤비가 뭐길래 나의 삶을 변화시킬 수 있을까

에어비앤비란 어떤 서비스인가   17
에어비앤비는 어떻게 시작되었나   22
에어비앤비는 어떻게 운영되고 있나   26

Chapter 2 호스트 리얼 스토리

창업 자본금 마련이 마땅치 않은 사람   35
- 사례 1 비어 있는 빈방 활용하기(꿈나무의 Modern House) · 37
- 사례 2 반지하도 가능하다(물망초의 Lee House) · 45
- 사례 3 분윳값을 마련하는 육아맘의 월세 재테크(관악구의 안나하우스) · 52

사회초년생 및 게스트하우스 창업자   59
- 사례 4 월세도 벌고 외국인 친구도 사귀고(Yuna's 우먼하우스) · 60
- 사례 5 내 집에서 세계를 만나다(내 집 같은 가든하우스) · 66
- 사례 6 카페와 게스트하우스를 동시에(명동의 커피하우스) · 74

투잡족   79
- 사례 7 개인 사업자에게 안성맞춤(공덕의 Friendly House) · 80
- 사례 8 계약직의 불안함에서 벗어나다(강서의 Dora 하우스) · 84
- 사례 9 4시간만 자도 즐겁다(부산의 쥬시 하우스) · 89

액티브 시니어 및 해외 이민자　　　　　　　　　　96
　사례10　노년에 아프면 큰돈 들어간다(부천의 줌마하우스) · 97
　사례11　우울증을 앓던 아내가 달라졌다(상암의 Jason's House) · 103
　사례12　나는 방콕의 한국인 호스트(태국의 Sean's 콘도미니엄) · 111

호스팅 시작에 앞서 알아야 할 사항

합법과 불법 사이　　　　　　　　　　　　　　123
호스팅을 위한 관련 법규 및 규정　　　　　　　126
　외국인 관광 도시민박업 · 128 ｜ 농어촌민박업 · 131 ｜ 공유숙박업 · 132
우리 집은 합법적인 에어비앤비 운영이 가능한가　137

창업 계획 수립

에어비앤비 호스팅에 관한 10문 10답　　　　　145
호스팅 지역 선정하기　　　　　　　　　　　　147
게스트하우스 매물 구하기　　　　　　　　　　150
수익률 계산하기　　　　　　　　　　　　　　153

외국인 관광 도시민박업 및 농어촌민박업 사업자 등록하기

등록 신청 전 준비 사항　　　　　　　　　　　159
　외국인 관광 도시민박업 허가를 위한 준비 · 159 ｜ 농어촌민박업 허가를 위한 준비 · 160

등록 신청 절차 및 방법 · 164

외국인 관광 도시민박업의 등록 절차 · 164 | 농어촌민박업의 등록 절차 · 169

사업자 등록증 발급받기 · 171

외국인 관광 도시민박업을 위한 사업자 등록 · 171 | 농어촌민박업을 위한 사업자 등록 · 174

Chapter 6 숙소 개설 전 체크리스트

침실 체크리스트 · 177
거실 체크리스트 · 182
주방 및 화장실, 욕실의 체크리스트 · 185
체크인 가이드 제작하기 · 189

Chapter 7 숙소 홍보하기

숙소를 상위에 노출하는 방법 · 201

숙박료 업데이트 · 203 | 사진 업데이트 · 204 | 에어비앤비 전문 사진 촬영 서비스 · 206 | 별점과 리뷰 · 209 | 신규 숙소 및 호스트 · 211 | 빠른 응답 시간과 응답률, 높은 예약 이행률 · 212 | 즉시 예약 · 214 | 조회 수 및 위시리스트 · 215 | 스마트 요금 · 216 | 전략적으로 상위 노출 반영하기 · 216

소셜 미디어 마케팅 · 218
브랜딩 가치를 높이는 체험 서비스 · 224

에어비앤비 체험 호스트의 기준 · 227 | 서비스 및 체험 리스팅 게시 전 필요 사항 · 228

Chapter 8 경쟁력 있는 숙소 운영을 위한 서비스

'위홈'으로 합법적인 숙박 등록	237
에어비앤비의 협력사, 미스터멘션	242
호스트들의 커뮤니티	245

Chapter 9 세금 문제 해결하기

세금, 얼마나 낼까	251
외국인 관광 도시민박업 부가가치세 내기	254
외국인 관광 도시민박업 종합소득세 내기	258
세금 관련 주요 Q&A	261

Chapter 10 그 밖의 숙소 운영 플랫폼

에어비앤비 이외의 숙박 플랫폼 등록하기	275
부킹닷컴	276
아고다	291
트립닷컴	305

에필로그	두 마리 토끼를 잡다	316

Chapter 1

에어비앤비가 뭐길래 나의 삶을 변화시킬 수 있을까

에어비앤비란 어떤 서비스인가

　에어비앤비airbnb란 'AirBed and Breakfast'의 약자로, 간단하게 소개하면 여행객을 위한 온라인 민박 중개 플랫폼이다. 'AirBed and Breakfast'를 그대로 직역하면 '빈 침대와 아침 식사'라는 뜻인데, 여행객에게 내 집의 빈방과 아침 식사를 제공한다는 의미이다.

　즉 에어비앤비는 여행객이 현지인의 삶과 제일 가까운 방식으로 여행을 할 수 있도록 도와주는 여행 플랫폼이다. 그런 여행을 위하여 에어비앤비는 홈스테이처럼 가정집 같은 기존의 숙박업소를 비롯하여 요트, 섬, 성, 이글루, 한옥 등 다양한 숙박시설을 마련해 놓고 여행객들을 끌어들이고 있다.

에어비앤비 비즈니스 모델

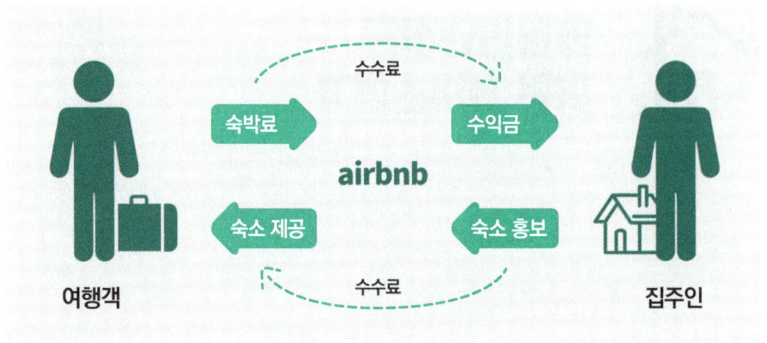

에어비앤비는 여행객에게는 호텔과 비교해 저렴한 비용으로 숙박할 수 있는 기회를 제공해 주고, 호스트에게는 호스팅을 통하여 소득을 마련해 주는 비즈니스 모델로 운영되고 있다.

이해를 좀 더 쉽게 하기 위해, 에어비앤비를 통해 신혼여행을 다녀온 부부의 실제 사례를 소개한다.

에어비앤비를 통해 현지인과 함께한 신혼여행

최슬기 씨는 유럽으로의 신혼여행을 알아보고 있었다. 그런데 현지 민박을 예약하자니 블로그나 페이스북 등 SNS에 나와 있는 몇 장 안 되는 사진과 부족한 숙소 정보만으로는 신혼여행을 망칠 것 같다는 생각이 들었다. 그렇다고 숙박을 전부 호텔로 해결하자니 가뜩이나 결혼 자금도 부족한데 호텔에만 머무르는 여행이 사치처럼 느껴졌다.

그러다가 우연히 친구를 통해 에어비앤비에 대해 듣게 되었는데, 평소 가고 싶었던 이탈리아를 검색하여 보니 사진으로만 보던 중세의 성 같은 예쁜 집에 침실과 TV, 소파, 그리고 현지인과 함께 이용할 수 있는 마당까지 있는 곳이 눈에 띄었다. 숙박비도 하루 10만 원에 불과했기에 호텔과 비교해 저렴하면서도 특색 있는 이런 곳에서 지내면 신혼여행도 즐겁고 여행 경비도 아낄 수 있을 것이라 생각되었다. 거기다가 후기 게시판에는 숙소의 주인(호스트)이 매우 친절하여 좋은 여행 장소도 알려 주며, 가끔씩 현지 과일도 주고 자전거도 빌려줘서 즐거운 여행이 되었다는 여행자들의 후기가 가득했다.

그래서 슬기 씨는 그곳이 신혼 여행지로 적합할 것 같다는 생각을 하고는 남편과 상의해 그곳을 숙소로 예약하였다.

그리고 나서 정신없이 결혼식을 치른 뒤 이탈리아에 도착한 슬기 씨는 사전에 호스트가 보내 준 메시지를 참고해 숙소를 찾았다. 숙소는 사진에 나온 대로 호텔과는 다른 독특한 매력을 자아내며 눈길을 끌었다. 슬기 씨 부부는 호스트인 안나Anna의 환대를 받으며 집에 대한 안내를 받았는데 엄청나게 큰 마당과 넓은 거실, 그리고 주방이 있는 대저택을 이렇게 저렴한 가격으로 이용할 수 있다는 사실에 놀랐다. 그리고 안나가 마당에 있는 올리브 나무에서 딴 올리브를 사용해 슬기 씨 부부에게 맛있는 현지 식사를 만들어 줘서 보통 여행지의 일반 숙소에서는 느껴 보지 못하는, 마치 현지인이 된 듯한 경험을 해 볼 수 있었다.

이탈리아의 특색 있는 숙소

슬기 씨 부부는 즐거운 여행을 보내고 며칠간의 숙박으로 애틋해진 안나와 작별인사를 나눈 후에 한국으로 돌아왔는데, 호스트가 에어비앤비 사이트에 후기를 남겼다는 휴대폰 알람이 울렸다. 그래서 그 후기를 확인해 보니 신혼부부가 기꺼이 자신의 숙소에 머물러 주었고, 밝은 부부로 인해 자신의 숙소도 행복으로 가득 찼다는 내용이 남겨져 있었다.

그 후기를 보자, 슬기 씨는 숙소에서의 즐거웠던 기억들이 새록새록 생각났다. 그리고 앞으로는 부담이 되는 호텔 숙박을 가급적 줄이고, 대신에 다양한 숙소가 제공되고 현지인의 환대를 받을 수 있는 에어비앤비를 통해 여행을 해야겠다는 생각이 다시금 들었다.

이와 같이 에어비앤비는 호스트와 게스트의 교감을 통해 여행을 더욱 즐겁게 해 주며, 그들이 남기는 후기는 호스트와 게스트 모두에게 추억의 노트가 된다.

에어비앤비는 이러한 서비스로 여행객에게는 비교적 저렴한 숙박비를, 그리고 호스트에게는 부수입을, 또 게스트와 호스트 모두에게는 '신뢰와 안전'이라는 두 마리 토끼를 잡게 해 주었다.

또한 에어비앤비의 후기 시스템은 바야흐로 타인의 이용 후기를 보고 결정하게 되는 '후기의 시대'에 적합하게 적용된 사례이다. 세계 여러 나라의 다양한 사람이 에어비앤비를 이용하는데, 각 나라의 언어로 평가된 솔직한 후기는 에어비앤비를 더욱 발전하게 한 합리적인 시스템이다.

물론 집 전체를 빌려주는 이러한 방식은 아직까지 우리나라에서 합법이 아니다. 다만 '공유숙박 실증특례' 등을 비롯해 공유숙박업에 관한 다양한 규제 완화가 이루어지고 있으며, 유관 기관 및 부서에서도 여러 가지 논의가 진행 중이므로 앞으로 국내 공유숙박업은 또 다른 형태로 발전할 것이다.

많은 사람이 해외로 여행이나 출장을 다녀오게 되면서 빈집을 빌려주는 새로운 공유숙박 플랫폼인 에어비앤비가 이제 우리의 여행과 라이프스타일에 빠르게 녹아들고 있다.

어떠한 일 또는 사업을 시작할 때 그 배경지식을 알아야 재미있게 시작할 수 있을뿐더러 더욱 열정이 생겨난다고 생각한다. 그래서 이번에는 에어비앤비 호스트를 준비하는 사람들에게 새로운 비즈니스로서의 가능성에 대한 확신을 주고자 에어비앤비가 어떻게 시작되었는지 소개한다.

비즈니스의 시작

에어비앤비는 2007년 미국 샌프란시스코에서 시작되었다. 샌프란시스코는 금문교와 더불어 살인적인 숙박 임대료로 악명이 높은데, 이 도시에 거주하던 브라이언 체스키Brian Chesky와 조 게비아Joe

Gebbia는 이 문제를 해결하기 위해 샌프란시스코를 방문하는 여행객과 출장자들에게 침대가 있는 로프트loft(다락방)와 조식을 제공하고 숙박료를 받기로 하였다.

샌프란시스코 유니온 스퀘어 부근의 호텔 밀집 지역

최초의 시도는 미국 산업디자이너협회 주관하에 뉴욕에서 매년 열리는 산업디자인 콘퍼런스의 참석자들에게 값비싼 호텔 대신 저렴한 가격에 단기 숙박 공간을 제공한 것이었다.

2007년 가을, 두 젊은 창업자들은 자신의 숙소를 예약할 수 있도록 간단한 홈페이지를 만들고 3명의 손님을 받았다. 이때의 숙박료는 1인당 80달러였다. 에어비앤비의 첫 게스트들은 이 두 젊은이들이 이렇게 큰 비즈니스를 이끌어 낼 것이라고 생각을 했을까?

빈방을 이용한 재테크를 만들어 낸 조와 브라이언. 그들은 서비스 향상과 웹사이트의 기술적 문제 그리고 테크니컬인 한계를 느끼고는 예전 룸메이트였던 천재 엔지니어 네이선 블레차르지크Nathan Blecharczyk를 자신들의 벤처기업으로 합류시켰다.

네이선은 하버드대학에서 컴퓨터공학을 전공하였는데, 고등학생 때부터 이미 20개가 넘는 나라의 고객들에게 물건을 파는 등 사업가적인 기질을 보였다고 한다. 그리고 네이선은 에어비앤비의 공동 창업자가 되기 전 마이크로소프트Microsoft와 옵넷테크롤로지OPNET Technologies, 바틱Batiq 등에서 유능한 컴퓨터 엔지니어로 일했다. 신규 비즈니스에는 아이디어와 실행력 이외에도 IT기술과의 융합이 중요하다는 것을 보여 주는 사례라고 할 수 있다.

운영 자금을 만들자

3명의 공동 창업자가 합심해서 2008년 여름 에어베드 앤드 블랙퍼스트Airbed & Breakfast란 이름으로 사업체를 설립하였다. 처음의 목적은 호텔의 공급 부족을 에어베드 앤드 블랙퍼스트를 통해 해결하고자 하는 것이었다.

그러나 여느 벤처기업과 마찬가지로 그들 역시 자본금이 부족하였다. 그래서 그들은 엄청난 양의 시리얼을 구매하여 그걸 팔아서 자본금을 마련하려는 계획을 세웠다. 그들은 과연 이 시리얼을 다 팔았을까?

2008년은 오바마와 메케인 두 명 중 한 명을 미국의 민주당 대통령 후보로 선출하기 위한 전당대회가 있던 해였다. 에어비앤비 창업자들은 메케인을 지지하는 쪽에 가서는 메케인을 응원하며 메케인의 얼굴과 캐치프레이즈가 적힌 시리얼을 판매하였고, 오바마를 지지하는 사람들에게는 오바마를 응원해 달라며 오바마표 시리얼을 판매하였다. 마침내 젊은 창업자들은 전당대회의 양쪽 참가자들 모두에게서 시리얼을 팔아 3만 달러의 에어비앤비 운영 자금을 마련할 수 있었고, 이를 통해 에어비앤비는 발전의 발판을 만들 수 있게 되었다. 참으로 참신한 아이디어가 아닐 수 없다!

최초의 투자 및 변화

2009년에는 대표적인 스타트업 펀딩인 와이컴비네이터Y-Combinator로부터 2만 달러의 투자 및 사업 자문을 받았다. 그해 우리가 현재 알고 있는 에어비앤비airbnb로 명칭을 단순화하며 숙박 공유 플랫폼으로서의 입지를 다져 가기 시작했다.

이와 같은 과정을 거쳐 현재의 에어비앤비는 전 세계 숙박 공유 플랫폼의 선두 주자로서 굳건히 자리를 잡았다.

임대료가 비싼 것에서 아이디어를 얻어 시작한 숙박 공유 플랫폼 에어비앤비. 사업 초기 100명의 예약자를 만드는 데 1년이 넘게 걸리는 등 어려운 시기를 거치면서도 자신들의 비전을 포기하지 않고 달려온 에어비앤비의 창업주들.

2025년 현재 220개국 800만 개 이상의 숙소를 보유하며 20억 회가 넘는 누적 게스트를 창출해 낸 숙박 공유 플랫폼 에어비앤비는 현지인과 생활을 함께 공유하는 시스템으로 우리의 숙박 문화와 여행 문화의 트렌드를 바꾸었고, 앞으로도 많은 변화를 이끌어 내며 더욱 더 발전하리라 생각한다.

에어비앤비는 어떻게 운영되고 있나

2025년 현재까지 에어비앤비는 20억 회 이상 게스트를 맞이했을 정도로 성장했으며, 220여 개의 국가에서 500만 명 이상의 호스트가 800만 곳 이상의 숙소를 서비스하고 있다. 이로 인한 호스트들의 누적 총수익은 약 3,000억 달러에 달한다고 한다.

전 세계 에어비앤비 현황

800만 개의 숙소를 종류별로 살펴보면 트리하우스, 트럭하우스, 보트하우스, 성 모양의 하우스 등 각 문화권에 맞는 다양하고 특화된 숙소들이다. 일반적인 호텔과 다른 이러한 특화된 숙소는 관광객을 불러 모으며 그 지역의 상권에 영향을 미치기도 하고, 그곳 특화된 숙소의 호스트들에게는 더 큰 수익을 올릴 수 있는 창구 역할을 하고 있다.

세계 각지의 다양한 에어비앤비 숙소

에어비앤비의 특화된 이벤트

또한 에어비앤비는 특이한 숙소를 홍보하기 위하여 자체적으로 다양한 이벤트를 기획하기도 한다. 2016년에는 '에어비앤비×슈퍼스타 프로젝트'란 기획으로 아시아에서 영향력 있는 스타와의 컬래버레이션 숙소 이벤트를 진행하였는데, 인기 아이돌 그룹 빅뱅의 지드래곤이 연습생 시절에 사용한 덕양 스튜디오를 에어비앤비 숙소로 개조하여 게스트를 초대하고, 지드래곤이 직접 게스트들에게 우리나라의 명소를 소개하는 방식이었다. 이 컬래버레이션 숙소 이벤트 이후에 덕양 스튜디오는 수십만 건의 페이지뷰를 기록했으며, 추후 이벤트 참여 희망자는 수만 명을 넘어섰다고 한다.

해외 이벤트 사례를 살펴보면 핼러윈데이를 맞아 에어비앤비에서는 드라큘라 성을 꾸몄다고 한다. 숙소의 배경은 루마니아 트란실바니아의 브란성으로 핼러윈데이에 뱀파이어의 은신처에서 짜릿한 하룻밤을 보내는 이벤트였다. 이 이벤트의 당첨자와 동반 1인은 루마니아 브란성에서의 숙박과 왕복 항공권, 숙소까지의 교통편을 지원받았다. 뱀파이어 소설 『드라큘라Dracula』의 저자 브램 스토커Bram Stoker의 조카 손자인 데커 스토커Dacre Stoker가 호스트를 맡아서 성 관람과 함께 뱀파이어의 역사와 비밀에 관해 직접 설명해 주었다고 한다.

루마니아의 핼러윈데이 테마

출처: 이데일리

에어비앤비 현황

우리나라의 에어비앤비 현황을 살펴보면, 호스트의 숙소 리스트는 2013년 2,000여 개로 시작되어 3년 만인 2015년에 두 배로 많아졌다. 이후 호스팅 숙소는 코로나19 팬데믹 기간에 다소 주춤하였으나, 최근 케이팝K-POP 및 케이컬처K-Culture 붐으로 인해 2024년 12월에는 약 5만 개가 리스팅 되어 운영 중이다. 이 중 약 60%에 해당하는 3만여 개의 숙소는 실제로 활발하게 체크인·체크아웃이 일어나고 있다.

에어비앤비 통계 사이트의 자료를 보면, 2024년 기준 약 5만 명의 호스트가 있는 것으로 집계된다. 하지만 공동 호스트 등을 제외하면 실제로 활발하게 활동하는 호스트는 약 2만 명 초반으로 추정된다.

또한, 통계 자료가 늘어남에 따라 다양한 지표 확인이 가능해졌다. 예를 들어 우리나라의 단일 게스트하우스 운영자 최고 수익은 70만 달러 이상이며, 개인 최대 수익자의 수익은 300만 달러에 육박한다. 그리고 인기 있는 추천 지역은 명동, 인사동, 홍대, 이태원, 동대문, 서울역(남산) 등이다.

한국의 에어비앤비 숙소 현황

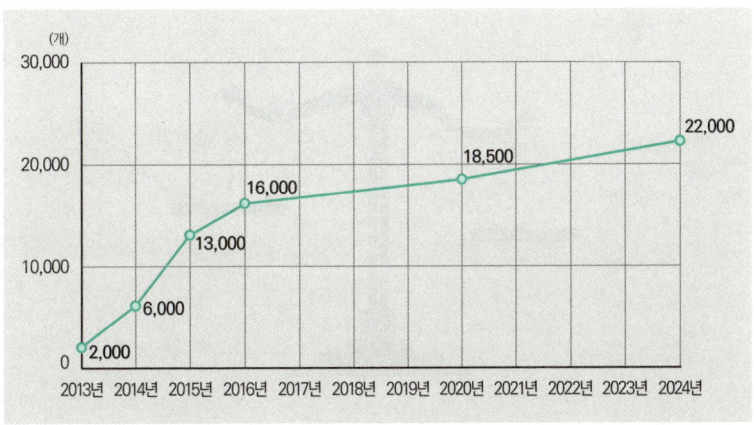

2013년 에어비앤비의 서울 진출을 선언한 조 게비아는 "세계적으로 높은 물가를 기록 중인 서울에서 호스트는 주거비를 벌 수 있고, 게스트는 현지인과 생활하면서 특별한 문화 체험이 가능하다. 그리고 나라마다 차이가 있겠지만 에어비앤비는 관광객이 머물 숙소가 부족한 서울에서 좋은 대안이 될 수 있다"라고 말했었는데, 그의 말이 현실화가 된 것이다.

숙박 공유 플랫폼을 앞세우는 에어비앤비는 숙박 업계의 판도를 바꾸었다. 에어비앤비는 숙박시설을 하나도 소유하지 않으면서 창립 8년 만인 2016년 기업가치가 300억 달러를 돌파해 세계 1위의 호텔 체인 기업인 힐튼의 기업가치 260억 달러를 뛰어넘었다. 2022년 기준으로 에어비앤비의 숙박 업체들이 전 세계에 납부한 숙박세 총액은 130억 달러 이상이다. 이제 에어비앤비는 기존 숙박업의 아성에 맞서는 무서운 도전자로 자리 잡았다.

에어비앤비
설립: 2008년
기업가치: 310억 달러

힐튼
설립: 1919년
기업가치: 260억 달러

이제 호텔들의 경쟁 상대는 힐튼, 메리어트, 인터콘티넨탈 등의 동급 호텔이 아니라 에어비앤비가 되어 버렸다.

'숙박 공유'라는 산업 패러다임을 몰고 온 에어비앤비는 단순히 숙박이라는 의미뿐만이 아닌 여행이라는 영역에서 근본적인 인프라의 변화까지 만들어 낸 것이며, 힐튼을 뛰어넘는 자산 가치를 가지게 된 사건은 공유경제 및 숙박시설 공유의 가능성이 인정받고 있다는 사례로 기록될 것이다. 앞으로 호텔업계의 반향이 커질수록 에어비앤비의 파급력 또한 커지리라 생각한다.

Chapter 2

호스트 리얼 스토리

창업 자본금 마련이 마땅치 않은 사람

새로운 사업을 준비하려고 하면 일단 창업 자금이 걱정이다. 우리나라 사람들이 가장 많이 하는 자영업 중의 하나로 알려진 치킨집마저 창업비는 '억' 소리가 날 정도로 많이 든다. 프랜차이즈 가입에 따른 가맹비에서부터 인테리어 비용에 보증금까지 합치면 당연히 큰 금액이 들게 마련이다. 반면에 에어비앤비는 기존에 거주하던 집을 사용하면 새 침대 마련과 인테리어 등에 필요한 약간의 비용만 들 뿐이다.

서울에서 웬만한 치킨 프랜차이즈와 에어비앤비의 창업 비용(방 1개 월세 기준)을 비교해 보면 10배 정도 차이 나는 것을 볼 수 있다.

치킨집과 에어비앤비의 창업 비용 비교

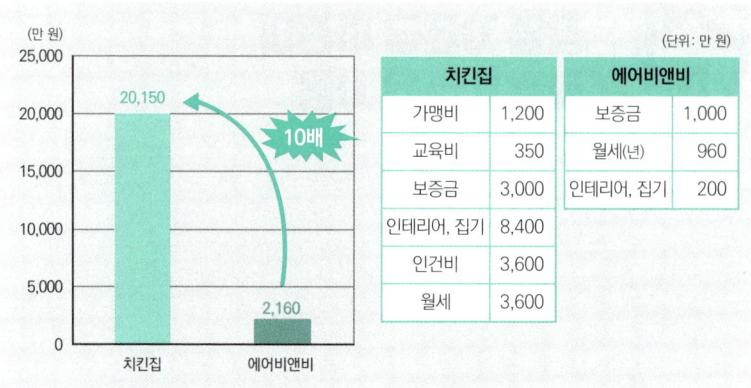

※ 에어비앤비 창업의 경우 방 1개 기준

    편의점, 치킨집 등과 비교하여 에어비앤비 호스팅은 집의 빈방이나 공실을 이용하여 소액으로 창업해 짭짤한 수익을 올릴 수 있는 아주 우수한 창업 아이템 중의 하나이다.

    실제로 에어비앤비 호스트로 창업해서 숙소를 운영 중인 사람들의 이야기를 들어 본다면, 나 또한 그 대열에 동참할 수 있을지를 가늠해 볼 수 있을 것이다.

    먼저 창업 자금이 부족한 사람들은 어떻게 숙소를 운영하고 있는지 살짝 들여다보자.

사례 1

비어 있는 빈방 활용하기

꿈나무의 Modern House

취업이 포기되었다

수능이 끝나고 나면 전쟁이 모두 끝인 줄 알았다. 그런데 취업 전선은 더욱 치열한 전투였다. 나와 마찬가지로 여전히 취업하지 못한 대학 동기들을 만나 이야기하다 보면 "어차피 우리 과는 취업이 잘 안되는 과잖아"라면서 동질감을 느끼고 위안을 삼을 수 있었다. 하지만 부모님의 실망감은 내가 어떻게 할 수 없었다. 눈치가 보여 마냥 집에만 있을 수 없어 하루 종일 밖을 돌아다니다 저녁때가 되어서야 집으로 가면 부모님께서 늘 하시는 말씀.

"집에서 엄마가 해 주는 밥 먹는 게 돈 버는 거야!"

이 말이 더 슬프게 들리는 건 전혀 틀린 말은 아니었기 때문이다. 아무리 취업 박람회다, 기업 설명회다, 하는 것들을 온종일 돌아다녀 봐도 내 자리는 없었다. 오히려 왔다 갔다 하는 교통비와 식비만 낭비될 뿐이었다. 그렇게 나는 자의 반 타의 반으로 취업을 포기하게 되었다.

인생 너무 어렵게 살지 말자

그러던 어느 날 '정 취업이 안 되면 창업하든지 해서 내 자리를 내가 스스로 만들어야겠다'라는 생각이 불현듯 머리를 스치고 지나갔다. 그러고 나서 내가 좋아하는 것이 무엇인지 곰곰이 떠올려 보니 '여행'이라는 것이 있었다. '그럼 여행 관련한 무언가를 해 보아야 하나?' 하는 생각이 들었고, 문득 여러 해 전에 여행 갔던 제주도의 게스트하우스가 떠오르며 매일 즐겁고 웃음만 가득했던 그 시절 추억이 되살아났다. 그럼 게스트하우스 주인장으로 제2의 인생을 시작해 보는 것도 괜찮지 않을까?

나는 미래의 게스트하우스 운영자

'그래, 나도 게스트하우스를 해 보자! 설령 젊은 나이에 망한다한들 어때. 한번 실패하더라도 다시 일어설 수 있어. 인생 길잖아.'

이런 생각을 하니 불끈 용기가 생겼다. 그래서 곧바로 인터넷 검색을 통해 제주도에 있는 게스트하우스의 스태프 알바 자리를 알아보았다. 내 게스트하우스를 오픈하기 전에 돈도 벌고 경험도 쌓을 겸 해서였다. 그런데 인터넷을 통해 알아보니 이런 열정페이(저임금이나 무급으로 취업 준비생의 노동력을 착취한다는 신조어)가 없었다. 돈도 모을 수 있을 것 같지 않았고, 내가 지향하는 외국인 관광객들을 대상으로 한 게스트하우스를 운영하는 데도 전혀 도움이 될 것 같지 않았다.

부모님의 걱정이 나의 성공의 시작점

결국 '게스트하우스 스태프 알바를 해야 하나, 말아야 하나'를 결정하지 못한 채 혼자서 며칠 동안 끙끙대며 고민에 빠져 있었다. 그러던 차에 부모님이 '우리 집이 오래된 집이라서 반지하 월세가 나가지 않을 것 같다'는 걱정에 찬 소리를 우연히 듣게 되었다. 이미 우리 집 주변의 집들은 리모델링을 끝내고 입주자가 들어오기만을 기다리고 있는 상황이라, 그런 집들과 경쟁해서 세입자를 받을 수 있을까 하는 걱정이었다.

그 소리를 듣자 문득 빈집을 빌려주는 에어비앤비에 대한 이야기를 블로그에서 봤던 기억이 났다. 그러면서 게스트하우스를 창업할 수 있는 자금이 여의치 않은 만큼 '지금 비어 있는 부모님의 집을 활용하면 적은 비용으로도 에어비앤비 호스트를 할 수 있지 않을까?' 하는 생각이 들었다.

한번만 기회를 주세요

약간의 시간이 흐른 뒤, 나는 어머니에게 살짝 외국인 관광객을 받는 게스트하우스 이야기를 꺼냈다. 하지만 어머니께서는 단번에 "에어비앤비 그딴 게 뭐냐, 취업이나 해"라는 잔소리를 하셨다. 이미 그런 잔소리에는 내성이 생긴 터라 끈질기게 설득했지만 씨알도 먹히지 않았다. 결국 설득의 대상을 아버지로 옮겨 갈 수밖에 없었다.

아버지께서 집에 들어오시기만을 기다렸다가 오랜만에 같이 저녁도 먹고 치킨에 맥주도 한잔하면서 이런저런 이야기로 분위기를 좋게 만들었다. 그러고는 기회를 보아 아버지께 "조만간 계약이 해지될 반지하에 게스트하우스를 창업하고 싶습니다"라고 말씀드렸다. 그러자 아버지께서는 한번 자세히 설명해 보라며 내 말에 관심을 기울이시는 듯했다. 하지만 이 말에 오히려 나는 당황한 나머지 제대로 말을 잇지 못했다.

결국 아버지께서는 혀를 차시며 사업을 해 보겠다는 녀석이 공부도 제대로 하지 않고 뭘 하겠느냐며 쓴웃음을 보이셨다. 정말 창피하고 민망했지만, 여기서 뒤돌아서면 더 민망할 것 같아 절대 물러서지 않는 사무라이가 된 심정으로 무릎을 꿇고 한번만 기회를 달라고 아버지께 매달렸다. 그러자 아버지는 "일단 에어비앤비에 대해 더 공부해 보고 나중에 다시 이야기하자"며 대화를 마무리 지으셨다.

성공적인 재도전

이번에는 절대 물러설 수 없었기에 여러 경로를 통해 에어비앤비 호스트에 대해 알아보았다. 하지만 인터넷에서 찾아보는 이런저런 글들은 정확하지가 않아 보였고 무엇보다 단기간에 알아보기에는 시간이 촉박했다. 이렇게 막막해하던 와중에 '쉐어&하우스 연구소(cafe.naver.com/imyouna)'라는 인터넷 카페에서 에어비앤비 예비 호스트들을 위한 세미나를 진행한다는 공지를 보게 되었고, 재빨리 그것을 신청하였다. 세미나에 참석해 명쾌한 강사의 설명을 들으니 에어비앤비에 대해 좀 더 잘 알게 되었다. 그리고 강의가 끝난 후에 강사를 찾아가 나의 현재 상황을 설명한 뒤 부모님을 어떻게 설득하면 좋을지를 물어봤다.

강사는 웃으며 "에어비앤비 호스팅도 창업입니다. 창업 비용이 어느 정도 들고 얼마 정도의 수익이 예상된다는 것을 표로 정리해서 부모님께 명확하게 말씀 드리세요"라고 말해 주었다. 나는 강사의 말대로 배운 내용을 정리해 며칠 후 부모님과의 전투에 다시 임하였다.

그 설명에도 불구하고 어머니는 여전히 걱정을 하셨지만, 아버지는 마침내 최종 승낙을 해 주셨다. 정말 오래간만에 맛본 유쾌한 승리였다! 그때부터 나는 나의 영원한 아군인 동생을 끌어들여 숙소 오픈을 같이 준비해 나가기 시작했다.

짠돌이가 되어 가다

일단 '외국인 관광 도시민박업' 관련한 법규들과 서류들을 이래저래 알아보고 신청 준비를 마쳤다.* 그러고는 세입자의 퇴거 날짜에 맞춰 인테리어 정보를 하나씩 알아보았다.

처음에는 인테리어 예상 가격이 약 400만 원이었는데 하나하나 다시금 리스트를 살펴보니 욕심이 과한 듯하였다. 그래서 대기업의 TV를 반값인 중소기업 제품으로 바꾸었고 침대, 매트리스, 서랍장 등 모든 가구는 이케아에 방문해 70만 원이 채 안 되는 가격으로 전부 준비하였다. 또한 전자레인지, 토스터기, 커피포트 등 3종 소가전 세트는 인터넷 거래 카페인 중고나라(cafe.naver.com/joonggonara)에 들락날락하며 매일 가격을 확인한 끝에 3만 원에 구매할 수 있었고 세탁기와 냉장고는 자취방에서 나가는 학생의 물품을 약 20만 원에 얻어 왔다. 이불 커버 등은 인터넷에서 알아보다 아무리 봐도 가격 비교를 할 수 없어서 어머니와 함께 시장에 가서 발품을 팔아 약 20만 원에 준비하였다.

---

* 외국인 관광 도시민박업에 관한 가이드라인은 아래를 참조하면 된다.
cafe.naver.com/imyouna/40753

호스팅 준비 기간은 골병의 지름길

세입자가 나간 후 본격적인 집 인테리어에 들어갔다. 도배는 30만 원에 해결하였고, 현관문은 견적을 받아 보니 너무나도 비싸서 페인트를 사다가 직접 칠하였는데, 결과물이 그런대로 괜찮아 보였다.

그리고 도배를 마치고 나서 청소를 하였는데 덥지 않은 날씨였음에도 땀이 주르륵 날 정도로 힘이 들었다. 특히 창문에 붙은 스티커를 제거하는 데 정말 힘이 많이 들었던 것 같다. 결국 그날 어머니와 동생 그리고 나는 몸살이 나고 말았다. 순간 '집수리에서의 절약은 몸살, 골병과 같은 말이구나' 하는 생각도 들었다.

그렇지만 이 모든 것을 끝내고 물품들을 들여놓고 나니 200만 원이 안 되는 금액으로 투룸의 게스트하우스를 마련할 수 있었다. '몸살의 대가가 200만 원 절약'이라니 할 만하다는 생각이 들어 히죽 웃음이 나왔다.

그리고 게스트 방을 아기자기하게 꾸미기 위하여 그동안 선물 받았던 수많은 인형과 기념품, 피규어들을 가져다 놓았다. 전부 내 추억이 담긴 소중한 물건이었지만 인테리어를 위해 아낌없이 내놓았다.

첫 손님 그리고 안정되어 가는 수익

인테리어를 마치고 나서 정성 들여 사진을 찍고 에어비앤비에 업로드를 하였다. 하지만 기대하던 예약은 이틀이 지나도 들어오지 않았다. 나는 점차 불안해지기 시작했다. '보증금 1,000만 원에 월세 40만 원짜리 반지하방을 내가 이대로 말아먹는 것이 아닌가' 하는 불안감이었다.

하지만 이틀 후 심장이 떨어질 만큼 우렁찬 예약 알람 메시지가 스마트폰을 통해 울렸다. 그것도 거의 10일간의 예약이었다. 그런데 상대가 유창한 한국말로 문의하는 게 아닌가. 잠깐 '아, 내국인은 받으면 안 되는데……' 하는 고민을 하고 있던 차에 상대가 "미국 교포"라고 말하는 순간 걱정이 순식간에 다 날아갔다. 그러면서 그는 병원과 친지 방문 등의 볼일이 있어 우리나라에 온다고 하였다.

10일간의 예약으로 90만 원가량이 내 통장에 입금될 예정이었다. 이어서 바로 대만과 싱가포르에서도 예약이 들어왔다. 하루 동안 들어온 3건의 예약으로 나는 행복감에 젖어 들었다. 가족들 앞에서 의기양양한 승리의 미소를 지어 보였고, 기쁜 마음에 아직 수익금이 들어오지도 않았는데 부모님과 동생에게 보쌈 대★자를 시켜 주었다.

반갑게 맞이한 첫 게스트는 아주 빨리 체크아웃을 해 주었고, 어느덧 다음 게스트가 체크인을 기다렸다. 나는 이들에게 선물과 함께 좋은 후기를 부탁하였다. 한 달이 지나고 나니 예약은 안정되었고 월세 40만 원짜리 방 하나가 약 270만 원 정도의 수익을 내는 보물창고로 변신하였다.

화려하지는 않지만 마음 편한 게스트하우스 운영자

그렇다고 마냥 좋기만 한 것은 아니었다. 처음에는 게스트의 체크아웃 시간이 다가올수록 진저리가 났다. 한 달에 체크인·체크아웃이 며칠 되지는 않았지만 손에 익지 않은 일이라 이불과 시트를 세탁하고 집을 청소하는 것이 무척이나 고되었기 때문이다. 하지만 점차 노하우가 생겨서 청소도 후다닥했고 시트도 재빨리 교체할 수 있게 되었으며, 가족들 또한 게스트의 입실 안내 등을 도와주었다. 그리고 나중에는 공항버스 타는 법, 숙소까지 찾아오는 방법, 지도 등을 넣은 체크인 가이드를 만들어 예약한 게스트에게 이메일로 보내 주었더니 문의도 엄청나게 줄고, 입실 안내 시간도 많이 줄었다.

많은 친구들이 지금의 나를 부러워한다. 그러고 보면 호스트가 회사 생활보다 그나마 편한 것 같기는 하다. 그리고 정말 좋은 건 나만의 시간이 많다는 것이다. 물론 청소와 빨래를 할 때면 여전히 '내가 청소부인가 아니면 게스트하우스 운영자인가' 하는 생각이 들기도 하지만 말이다.

지금은 투룸을 하고 있지만, 조만간 돈을 더 벌고 경험을 쌓게 되면 도심 속의 게스트하우스에 도전해 볼 생각이다.

사례 2

반지하도 가능하다

물망초의 Lee house

게스트하우스를 운영해 봤으면…

2012년, 4년 6개월간의 부사관 복무를 마치고 드디어 전역을 하였다. 그러고는 본격적으로 사회생활을 시작하기에 앞서 자전거로 21일 동안 전국일주를 하였다. 얼마 되지 않는 돈으로 떠난 여행이었기에 최대한 돈을 아껴야 했지만 매일 텐트를 치고 야영을 할 수가 없어 적어도 이틀에 한 번은 제대로 된 숙소가 필요하였다. 그렇지만 호텔이나 모텔은 20대 중반 청년에게는 부담스러울 수밖에 없었다.

그러다가 문득 TV 프로그램에서 보았던 '게스트하우스'라는 단어가 머릿속에 떠올랐다. 이후 나는 가는 지역마다 게스트하우스를 검색해서 찾아가 저렴하게 숙식을 해결하며 무사히 여행을 마칠 수 있었다.

그때 여러 사람들과 만나 이야기하고 즐겼던 좋은 추억이 '나도 언젠간 이런 게스트하우스를 운영해 봤으면 좋겠다'라는 생각으로 이어지게 되었다.

취업과 사업, 그리고 빈털터리

'빨리 돈을 벌어야겠다'는 생각에 액세서리 유통회사와 화장품 도매업체에서 근무를 하면서도 나만의 사업을 구상했다. 그러다가 20대 후반쯤 회사를 그만두고 액세서리와 주얼리 유통 사업을 본격적으로 시작하게 되었지만, 사업이라는 게 생각만큼 쉽지 않았다.

그러다 보니 그동안 모아 두었던 돈도 조금씩 줄어들어 통장에는 단돈 350만 원밖에 남질 않았다. 무언가 다른 수단을 생각하지 않으면 남아 있는 돈마저 모두 없어질 게 명확했다. 그리고 돈이 줄어드는 것과 동시에 어떠한 일이든 해낼 수 있다고 생각했던 자신감도 하향 곡선을 그렸다.

새로운 무언가가 필요했다

당장 수중에 돈이 없어지니 사업은 둘째 치고 일단 어떻게든 돈을 벌어서 생활해야겠다는 생각만 들었다.

때마침 부모님의 다가구 주택들 중 하나가 비게 되었고, 저녁식사를 하면서 부모님과 비어 있는 그 집에 대해 이런저런 이야기를 하던 중 내 머릿속에 불현듯 자전거 여행 때 머물렀던 게스트하우스가 떠올랐다. 그래서 식사 후 바로 내 방으로 돌아와 게스트하우스에 관하여 검색을 하기 시작하였고, 그때 뭐에 홀린 것처럼 그 자리에서 게스트하우스를 해 보기로 결정지어 버렸다.

그리고 '쉐어&하우스 연구소'에서 주최한 예비 호스트 세미나에 참석해 여러 가지 강의를 듣고, 참석자들과의 대화를 통해 더욱더 게스트하우스 창업에 대한 확신을 가지게 되었다.

그리고 나서 아버지와 어머니께 게스트하우스 창업에 관한 내 생각을 말씀드렸다. 지금 비어 있는 집을 내가 월세를 드리고 게스트하우스를 하고 싶다고. 그리고 예비 호스트 세미나 때 듣고 배운 게스트하우스에 관한 여러 가지 장점을 설명해 드린 후 허락을 구했다.

아버지께서는 괜찮은 생각 같다며 찬성하셨지만, 어머니께서는 유독 반대가 심하셨다. '지금 집이 위치한 곳이 시내도 아니고, 그렇다고 외국인들이 관광하러 오는 곳은 더더욱 아니며, 특히 너는 영어도 못하는데 운영할 수 있겠니?'라는 걱정이셨다.

하지만 향후 투자 대비 수익성, 앞으로의 전망 등을 설명해 드리며 오랜 설득을 한 끝에 어머니께서도 마침내 허락하셨다. 단, 1년 동안 운영해 보고, 결과가 좋지 않으면 그만둔다는 조건이 달렸다.

준비, 시작!

방 2개, 화장실 1개, 거실 겸 주방 1개, 30년 된 반지하, 보증금 500만 원에 월세 25만 원. 이제부터 내가 관리해야 할 게스트하우스였다.

다행히 도배와 장판, 문틀 공사는 어차피 월세를 받으려면 집주인이 해줘야 한다며 부모님께서 비용을 부담하셨다. 하지만 가구와 전기, 화장실 리모델링 등 많은 것이 내가 해야 할 부분으로 남아 있었다. 수중에 남은 돈은 300여만 원. 업자를 부를 수 없으니 모든 것을 스스로 해결해야만 했다.

인터넷 중고 물품 판매 카페에 매시간 접속하여 싸고 상태가 좋은 가전제품이 등록되길 기다렸다가 결국 1개월 사용한 냉장고를 신품의 절반 가격에 구매할 수 있었고, 화장실 타일과 복도 타일은 직접 재료를 구입해서 나흘에 걸쳐 시공했다. 또한 숙소 문 앞까지 오는 길에 있는 담벼락도 모두 직접 페인트칠하고, 전등·외등·콘센트 작업도 전등과 전기 재료를 구입해서 직접 설치하고 마무리했다.

12월 초의 추운 날씨였음에도 땀이 흐를 만큼 오랜만에 열정적으로 일하였고, 작업이 끝났을 때는 내 자신이 스스로 대견할 정도였다.

마지막으로 숙소에 비치할 소품이나 침구류, 생활필수품, 가구 등은 인터넷 쇼핑몰을 이용하거나 광명 이케아 매장에 가서 예산과 인테리어에 맞게 꼼꼼히 체크해 가며 구매했다. 이렇게 들어간 돈이 약 290만 원 정도였는데, 많으면 많고 적으면 적은 이 돈으로 방 2개와 거실과 화장실을 다 꾸밀 수 있었다.

숙소 등록과 첫 예약

12월 중순, 모든 공사와 인테리어 준비를 끝내고 에어비앤비에 숙소를 등록하는 일만 남았다. 하지만 내가 살고 있는 집의 인터넷 상태가 좋지 않아 집 근처 PC방으로 가서 준비한 사진을 업로드하고 숙소 설명 등을 작성했다.

그렇게 부푼 기대감으로 숙소를 등록하고 간만에 들른 PC방에서 두어 시간 게임을 하며 연패의 쓴잔을 마시고 있을 무렵, 스마트폰에서 그동안 들어 보지 못했던 알람이 울렸다!

'드디어 올 것이 왔군.'

숙소 등록을 한 지 2시간 만에 첫 예약이 잡힌 것이었다. 3박 4일을 묵는 중국 커플 손님이었다.

기쁜 마음으로 예약을 확인하고 게스트와 간단한 메시지 등을 주고받은 후, 이 기쁜 소식을 부모님께 전해 드리기 위해 집으로 돌아가던 중 또다시 울리는 알람 소리!

이번에는 홍콩에서 친구와 함께 한국으로 놀러 온다는 학생이었다. 그들은 무려 7박 8일을 예약했다.

예약을 받고 싱글벙글한 표정으로 집으로 돌아가 이 소식들을 부모님께 알려 드리자, 두 분 모두 믿지 못하시는 표정이었다. 특히 어머니는 처음에 내가 장난을 치는 것으로 아셨단다. 스마트폰에 들어온 예약 현황을 부모님께 보여 드리며 자세하게 설명을 해 드리니 두 분 다 정말 좋아하셨다. 특히 어머니가 더 좋아하시며 게스트하우스에 대한 생각을 완전히 바꾸셨다.

본격적인 운영과 수익

첫 예약이 있은 후 운이 좋았는지 비수기라는 게스트하우스 운영자 커뮤니티의 분위기와는 다르게 다른 예약들 또한 순조롭게 들어왔다. 2~3일에 한 번 꼴로 새로운 예약이 들어왔고 금방 2개월 치의 예약이 끝났을 정도였다. 이는 지역적 불리함 때문에 숙박료를 싸게 책정했을 뿐만 아니라, 한 번에 여러 팀을 받는 것이 아니라 한 팀에게 집 전체를 빌려주는 운영 방식이 크게 작용한 듯했다.

이후에는 숙소 운영을 하면서 접수된 이런저런 불편 사항을 개선하고자 영어로 된 홈페이지도 만들고, 숙소 안에 영어로 된 가이드북을 만들어 놓는 등 게스트를 위한 여러 가지 편의 작업을 진행했다. 그리고 지금도 그 편의 작업들은 계속 진행하고 있다.

매월 130만~150만 원이 내 통장으로 들어오는데 그중에서 25만 원은 월세, 20만 원은 공과금, 5만~7만 원은 비품 및 식재료 값으로 지출되었다. 그러면 실제로는 월 80만~100만 원 정도가 내 손에 쥐어졌다. 적다고 생각할 수 있지만 애초에 본업이 아닌 부업으로 숙소 운영을 시작했고, 장기 손님이 많아서 한 달에 6~7번만 청소해 주고 관리해 주면 되기 때문에 하는 일에 비해서는 큰 수익이다.

그리고 여담이지만 게스트하우스 운영과 수익이 생각보다 괜찮다고 생각하셨는지 이번에는 어머니께서 먼저 나서서 다른 반지하 집도 게스트하우스로 운영하고 싶어 하신다.

게스트하우스 운영의 좋은 점

나는 다른 호스트들에 비해 운이 좋게도 더 순탄한 과정을 거쳐서 숙소 운영을 하고 있다고 생각한다. 일단 집 자체가 부모님의 집이고, 본업이 아닌 부업 정도의 수익만 올리면 되기 때문이다. 게다가 내가 바쁜 일이 있으면 부모님이 청소나 관리를 도와주시기도 한다. 하지만 나 같은 조건이 아니라고 게스트하우스 운영을 하지 못하란 법은 없다. 숙소 관리 시스템을 만들고, 게스트들이 그것을 잘 지키도록 한다면 큰 어려움은 없을 것이다.

그리고 향후 게스트하우스에 대한 수요가 더 늘어날 것이기 때문에 지역과 유형에 맞는 게스트들을 잘 공략한다면 안정된 운영이 가능하리라고 본다.

아직 오랜 기간은 아니지만 게스트하우스를 운영하면서 좋은 점은 솔직히 말해 수입이 생긴다는 것이다. 수익 자체보다 이것으로 인해 떨어졌던 내 자신감도 많이 회복되었고, 사업이 불안할 때도 좋은 보험이 있는 것 같아 마음이 든든하다.

그래서 앞으로 기회가 된다면 게스트하우스를 더 확장하고 싶다.

 check　　　　　　　　　**Lee House의 수익 타깃 분석**

Lee House는 30년이나 된 오래된 집에 반지하, 게다가 서울 외곽지역이라는 단점에도 불구하고 저렴한 월세라는 장점을 앞세워 성공한 대표적인 숙소이다.

호스트를 준비하는 사람들 대부분은 반지하라고 하면 외국인 관광객들이 꺼릴 것으로 생각해서 선뜻 숙소로 오픈할 생각을 하지 못한다. 그러나 외국인들의 시선은 우리나라의 반지하를 지하가 아닌 지상 1층으로 바라보고 있다. 따라서 반지하는 경쟁력이 떨어지는 숙소가 아니라 오히려 월세가 싸기에 수익률을 극대화할 수 있는 좋은 에어비앤비 투자처이다. 거기다 내부를 깨끗하고 정성스럽게 인테리어하면 지상의 집들과 견주어도 충분히 경쟁력 있는 집이 된다.

Lee House 역시 가성비가 좋은 물품과 정성이 들어간 소품 등으로 다른 집들보다 더 경쟁력 있게 집을 꾸며 월세 수익을 극대화한 사례이다.

※ Lee House의 오픈 과정은 쉐어&하우스 연구소 카페의 호스트 오픈 스토리 게시판에서 볼 수 있다.

사례 3

분윳값을 마련하는
육아맘의 월세 재테크

관악구의 안나하우스

결혼과 육아는 돈이 너무 많이 든다

결혼을 하기 전, 남편은 "결혼하면 부유하게는 아니더라도 돈 걱정 안 하고 살 수 있도록 해 줄게"라고 분명히 약속했다. "물 한 방울 안 묻히게 해 줄게"라는 말처럼 터무니없는 거짓말도 아니고 둘이 노력하면 나 또한 그렇게 될 것이라고 생각하였다.

'결혼'이라는 큰돈이 드는 이벤트를 마친 후 '앞으로는 한동안 돈 쓸데가 없겠구나'라는 안도감과 함께 '이제 남편과 내가 열심히 돈을 모아서 노후 준비를 해야겠다'는 목표가 생겼다. 또 결혼과 동시에 우리 부부에게 너무나도 큰 선물인 아기가 찾아와 주었다.

하지만 이 기쁜 선물이 우리의 노후 대비에 지대한 영향을 끼치게 될 줄은 꿈에도 몰랐다. 어느 날 갑자기 어지러움을 느꼈는데 병원에서는 휴직을 권유하였고, 나도 임신한 내 몸이 걱정돼 휴직을 결심하였다. 회사 또한 감사하게도(?) "육아 휴직까지는 다 쓰게 해 줄게. 그리고 휴직 후에는 퇴직하는 것으로 하자"라며 퇴직을 기정사실로 하였다. 솔직히 당시에는 그 직장을 더 이상 다니고 싶지 않았기에 경력 단절이나 무직이라는 데 큰 부담감은 없었다.

그런데 휴직을 하고 몇 개월이 지나 생활비를 정리해 보니 정말 장난이 아니었다. 부모님 집에서 생활할 때와는 전혀 다른, 결혼의 현실과 맞닥뜨렸다. 공과금은 물론이거니와, 각종 보험료와 생활비 그리고 경조사비가 적지 않게 소요되었다. 직장 선배들이 결혼하고 나서 용돈을 받으며 커피 마실 돈도 아끼고, 영화관 갈 돈이 없어 IPTV로 영화를 본다는 말에 "왜 저렇게 구질구질하게 살지?"라고 생각했던 것이 얼마나 철없었는지를 깨달았다. 그리고 앞으로 태어날 아이에게 들어갈 비용을 생각하니 '돈을 모을 수는 있기나 한 걸까?'라는 생각이 절로 들었다.

에어비앤비에 대해 듣게 되다

낙담에 빠져 결론 없이 절약과 재테크 방법을 고민만 하고 있던 와중에, 남편 친구의 결혼식이 있어서 차를 타고 결혼식장에 가게 되었다. 도중에 남편의 또 다른 친구 한 명을 태워서 갔는데, 그는 평소에도 재테크와 부동산 투자에 대해 남편과 자주 이야기를 나누는 사이였다. 그날은 '에어비앤비'에 관한 특강을 듣고 왔다며 "빈집을 월세 50만~60만 원에 빌려서 에어비앤비를 통해 게스트하우스로 등록해 놓고 월 100만 원 이상의 수익을 내는 사람도 있다더라"라는 이야기를 해 주었다. 그러면서 "현실적으로 주택을 매입하는 것은 어려우니 오피스텔을 빌려서 같이 한번 해 볼까?"라며 제안을 하였다.

그 말을 들은 나는 머리에 벼락을 맞은 것처럼 '오, 정말 괜찮다!'라고 생각했지만, 남편은 "관심은 가는데 용기가 안 생긴다. 그리고 그걸 누가 관리하겠어?"라며 부정적으로 이야기하는 게 아닌가. 아무래도 결혼을 했으니까 돈 쓰고 투자하는 문제에 대해서도 내 눈치를 보는 것 같아 속상한 마음이 들었다.

신랑 대신 내가 결정하다
결혼식을 다녀오는 길에 내가 먼저 남편에게 에어비앤비를 한번 해 보자고 말했다. 남편은 무척이나 놀라며 "새로 집을 계약하게 되면 보증금부터 월세까지 어떻게 해결할 것이며, 게다가 우린 에어비앤비를 어떻게 시작해야 하는지도 모르잖아?"라며 일단 내 결정을 자제시켰다. 하지만 남편도 에어비앤비에 관한 생각을 떨쳐 버릴 수가 없었다.

결국 우리 부부는 남편 친구에게 '쉐어&하우스 연구소' 카페를 소개받고 한 달 정도를 기다려 에어비앤비 호스트 특강에 참석하였다. 그날은 눈이 무척이나 많이 내렸는데, 이런 날씨에도 불구하고 아주 많은 인원이 참석하였고, 특히 20대 초반에도 호스트를 준비하는 사람들이 있어서 놀랐다. 특강을 통해 다른 호스트들의 운영 사례와 에어비앤비 호스트들의 현황, 수익률 분석, 상위 노출 방법 등을 듣고 '입지 선정과 수익률을 개선하면 되겠다'라는 결론을 내렸다.

쉽지 않은 부동산 투어와 호스트의 시작
그 후 평일을 이용해 부동산에 방문하였다. 특히 지하철역에서 가까운 매물들을 보러 다녔는데, 매물이 마음에 들면 게스트하우스를 해도 된다고 허락해 주는 집주인이 없었다.

대략 30~40군데의 부동산 투어를 마치고 지쳤을 때쯤 서울대입구역 인근 매물의 집주인이 "월세만 잘 내면 운영해도 됩니다"라며 선뜻 계약에 응해 주었다.

부동산 계약서를 작성하고 나니 남편도 가슴이 두근두근한다고 하고, 호스트를 시작하자고 했던 나 또한 밤에 잠을 이루지 못할 정도로 설레었다. 이렇게 우리 부부의 에어비앤비 호스트로서의 생활이 시작되었다.

미리미리 준비했어야 했구나

우리 부부는 계약일이 되어서 집을 청소하러 갔다. 하지만 나는 창문에 붙은 스티커를 떼다가 지쳐 쓰러졌고 남편은 화장실을 청소하다가 몸져누웠다. 결국 입주 청소를 불러 청소하였는데 미리 맡기지 않은 것을 정말 후회했다. 그들은 특수한 약품이 있는지 스티커도 말끔히 떼어 냈고 집 또한 환하게 청소해 주었다.

그러고 나서 우리 부부는 침대며 소파, 이불 등을 주문하기 시작했다. 그런데 침대를 주문하려니 배송 기간이 2주나 걸린다고 하는 게 아닌가. 그제야 특강 때 공실을 방지하기 위하여 미리 구매 목록을 만들어 놓고 입주 날짜에 맞춰 주문하라고 이야기했던 것이 기억났다. 특강에서 잘못된 사례로 '미리 준비하지 않으면 한두 달 월세만 내게 된다'고 하였는데, 그 사례가 우리 이야기였던 것이다. 또 다른 물품을 구입하는 데에도 시간이 걸려 결국 숙소 오픈을 3주 뒤로 미룰 수밖에 없었다.

긴장되는 첫 번째 예약 그리고 이어진 실수

집을 다 꾸미고 나서 에어비앤비에 숙소 등록을 마친 후 예약을 기다리고 있었다. 운이 좋게도 숙소 등록을 마친 후 바로 예약이 들어왔는데, 인도네시아 관광객인 게스트는 다른 숙소에 있다가 지역을 옮겨 머무르려 한다며 바로 내일 오겠다고 하였다. 처음에 우리 부부는 바로 예약이 들어왔다는 사실에 마냥 기뻐했다.

하지만 예약을 받고 나서 생각해 보니 게스트가 보는 체크인 가이드를 만들어 놓지 않은 것이 아닌가. 외국인 관광객에게 주소만 보고 찾아오라고 하기에는 어려울 것 같아 부랴부랴 체크인 가이드를 만들었다. 하지만 전자레인지, 세탁기, 각종 리모컨 등의 조작법을 빠트리는 등 정보도 부족하고 사진도 너무 없다 보니 결국 게스트를 직접 마중 나가기로 했다.

하지만 약속 시간인 오후 5시에도 게스트는 지하철역에 도착하지 않았다. 게스트에게 계속 메시지를 보냈지만 답이 없었기에 길이 엇갈린 것이 아닌지 걱정되었고, 이러다 허탕을 치는 것이 아닌가 하는 생각도 들었다.

그렇게 50여 분이 지났을 무렵 한 외국인이 보여 남편이 얼른 달려가서 혹시 에어비앤비 예약을 한 게스트인지를 물어보았더니, 그 외국인이 맞다고 하면서 마침 와이파이가 없어서 메시지를 못 봤다고 하였다. 마침내 게스트를 숙소에 입실시킨 후 세탁기, 리모컨 등의 사용 방법을 알려 주었다. 그리고 이 다사다난했던 실수를 교훈 삼아 열심히 체크인 가이드를 만들었다. 미리미리 체크인 가이드를 만들어 놓았다면 시간

낭비도 줄이고 게스트도 편안하게 찾아오도록 안내해 줄 수 있었을 것이다.

이 정도 청소쯤이야!

수익이 100만 원 정도만 돼도 좋겠다고 생각하였으나 처음의 순수익은 약 130만~180만 원에 달했다. 여름에 예약이 꽉 찼을 때는 순수익이 200만 원 가까이 나온 달도 있었다. 과거의 월급과 맞먹는 금액이었기에 생활비에도 무척 도움이 되었고 어렵게만 봤던 '에어비앤비 호스팅이 황금알을 낳는 창업 아이템이구나'라는 생각도 새삼 하게 되었다.

그런데 세상에 쉬운 일이 어디 있겠는가. 에어비앤비 호스팅 역시도 만만치 않았는데, 특히 청소하는 것이 쉽지 않았다. 임신 상태라 더 예민했는지도 모르겠다.

하루는 설탕을 바닥에 뿌려 놓고 간 게스트 때문에 화가 머리끝까지 난 적도 있었고, 어떤 날은 게스트가 콘돔을 침대 위에 던져 놓고 나가서 '내가 이런 짓까지 해야 하나'라는 자괴감이 들었던 적도 있었다.

그렇지만 매일매일 스트레스를 받으며 직장에 출근하는 것에 비하면 이 정도 일은 감수할 수 있었다. 나중에는 게스트가 있어 감사하다고 생각하며 아이를 유모차에 태우고 게스트하우스를 오가기도 하였다. 어찌 되었던 공실 없이 달력에 예약이 꽉 차 있으면 감사하고 기쁘게만 생각되었다.

전업주부를 위한 짭짤한 부업거리

남편은 에어비앤비 수익을 보면서 직장을 그만두고 게스트하우스를 하나 더 오픈하자고 한다. 그럴 때마다 나는 결사반대를 외친다. 부부 중 한 명은 안정적인 본업이 있어야 한다는 생각 때문이다. 물론 호스팅 수익이 적은 것은 아니지만 그렇다고 지속적으로 항상 같은 수익이 들어오는 것이 아니기에 안정성을 생각한다면 본업을 그만두어서는 절대 안 된다고 생각한다.

아이의 분윳값과 기저귓값 그리고 생활비를 벌기에 충분한 에어비앤비 호스팅이야말로 전업주부에게 정말 짭짤한 부업거리라 할 수 있다.

 check — 안나하우스의 육아 비용 마련법

대한민국에서 아이를 키우는 건 정말 쉽지 않다. 기저귀와 분유 그리고 각종 육아 용품에 들어가는 비용이 만만치 않다 보니, 부부의 노후는 고사하고 현재를 살아가기에도 너무나 벅차다.

호스트인 안나 역시도 임신과 동시에 직장을 그만뒀기에 시간적인 여유는 있었으나 금전적인 여유가 없어 마음 한편에 늘 답답함을 지니고 있었다. 그러던 중 에어비앤비를 알게 되어 방 하나를 60만 원 정도에 월세로 빌렸고, 그 월세의 두 배에서 세 배 이상의 수익을 올릴 수 있게 되었다. 그래서 이제는 빠듯한 생활비 걱정을 덜게 되었을 뿐만 아니라, 대출을 상환하기 위한 돈까지도 조금씩 모으고 있다.

숙소 청소라도 하게 되면 유모차 안에 아이와 청소 도구들을 같이 챙겨서 숙소까지 가야 하는 번거로움이 있지만, 에어비앤비를 통해 생활비에 상당한 도움이 되는 수익을 마련할 수 있음에 매우 감사해하고 있다.

사회초년생 및 게스트하우스 창업자

지방에서 서울로 상경한 대학생이나 사회초년생은 금전적 여유가 없다. 학생들은 월세와 식비에 치이고, 교통비·통신비 등의 각종 생활비에 쪼들리다 보면 항상 위축되기만 한다. 아르바이트를 해도 시급이 적기에 돈을 제대로 모을 수 없고 학업에 지장만 줄 뿐이다. 사회초년생 역시 마찬가지로 학자금 대출 상환은 물론 박봉에 생활비 및 월세에 치이며 생활한다. 월세를 아끼기 위해 전세를 얻으려 해도 집값이 만만치 않다.

또한 세계인과 교류할 수 있는 게스트하우스 운영의 꿈을 가진 사람들 가운데 대부분이 서울의 비싼 땅값과 엄청난 리모델링 비용을 부담스러워한다. 그렇다면 이번에는 사회초년생 및 게스트하우스 창업자들을 위한 에어비앤비 호스팅 방법에 대해 알아보자.

사례 4
월세도 벌고 외국인 친구도 사귀고

Yuna's 우먼하우스

돈 쓰러 회사 다니나 봐

지방에서 학교를 졸업하고 직장을 구해 서울로 올라왔다. 조그마한 광고 홍보 회사였는데, 업무적으로 많은 것을 배울 수 있을 것 같았고 나중에 이직할 때도 경력에 도움이 될 것 같았다. 다만 월 180만 원가량의 박봉이 문제였다.

오피스텔 월세 80여만 원(관리비 포함)에 집안 사정이 좋지 않아서 받은 학자금 대출 상환금이 매달 30여만 원, 그리고 여기에다 인터넷과 전화료 등의 통신비 등을 제하면 저축할 돈은커녕 점심과 저녁 밥값을 걱정해야 할 판이었다.

내가 돈을 벌기 위해 직장을 다니는지 돈을 쓰려고 직장을 다니는지 도통 알 수가 없었다.

거실과 화장실을 공유한다고?

고민에 고민을 거듭하다가 선배에게 얘기했더니, 그도 나와 비슷한 상황이었다. 서울 친구들은 부모님 집에서 생활하는데 지방에서 상경한 우리는 월급을 받아도 일단 월세부터 내야 했다. 그리고 서울 지리에 익숙하지 않아서 교통비도 더 들어간다는 것이 공통된 의견이었다. 이때 옆에서 이 이야기를 듣고 있던 다른 선배가 "부업으로 에어비앤비 호스트를 해 보는 건 어떠냐"고 추천하였다. 방 2개 이상 되는 집을 얻어서 외국인 관광객에게 남는 방을 숙소로 빌려주는 호스트를 해 보라는 것이었다.

이야기를 좀 더 들어 보니 월세도 충당할 수 있고 부업으로도 좋을 것 같았지만, 거실과 화장실을 같이 사용해야 한다는 것이 별로 내키지 않았다. 내 사생활을 타인과 공유한다는 게 왠지 싫었다.

뼈가 되고 살이 되는 부동산 투어

하지만 더 이상 부모님께 손을 벌린다는 것은 안 될 일이라고 생각하였다. 학교를 졸업하고 직장까지 다니고 있는 마당에 모자란 돈은 스스로 충당하는 것이 당연하다고 생각했기에 결국 에어비앤비 호스트를 부업으로 하기로 결심했다.

이미 에어비앤비 호스트의 경험이 있는 선배가 호스트를 시작하는 지역의 중요성을 누차 강조했기에 여러 지역을 놓고 고민하였고, 그중에서 홍대가 눈에 띄었다. 내가 일하는 직장과도 가깝고 교통도 편리하고 생활 반경에 편의시설도 잘 갖춰져 있어서 서울의 핫 플레이스Hot Place처럼 보였기 때문이다.

지역을 결정하고 난 뒤 에어비앤비 사이트에 접속하여 홍대 지역 숙소들의 1박당 요금과 집의 구조 그리고 인테리어 등을 찾아보았다. 그리고 계속해서 에어비앤비를 살펴보니 내 숙소의 요금은 얼마를 받아야 할지 그리고 물품은 무엇이 필요한지가 보였다.

이어서 선배의 조언대로 도배도 되어 있고 지하철역에서도 가까워 별다른 투자 비용이 들지 않을 것 같은 집을 알아보기 위해 여러 부동산을 다니며 매물을 구경하기 시작했다.

처음에 집을 볼 때는 잘 몰랐지만, 여러 집을 구경하면서 점차 왜 그전에 보았던 집은 월세가 나가지 않았는지 알 수 있었다. 그만큼 집을 보는 것만으로도 많은 공부가 되었다. 그렇게 30여 군데의 집을 돌아본 후 조건에 맞는 방 2개짜리 빌라를 보증금 3,000만 원, 월세 50만 원에 구했다. 집은 낡았으나 세탁기와 냉장고, 에어컨이 전부 갖춰져 있어서 별다른 인테리어 비용이 발생하지 않을 것으로 보여 얼른 계약을 마쳤다.

생전 처음으로 하는 거액의 부동산 거래에 가슴이 뛰는 동시에 게스트를 받을 걱정으로 한숨이 절로 나왔다.

여성 전용 게스트하우스

계약을 마친 후 방 하나는 내가 사용하고, 나머지 방 하나는 1박당 4만 원에 외국인 관광객에게 빌려주기로 하였다. 방에는 퀸사이즈 침대와 엑스트라 침대를 하나 더 놓아서 1인 이상이 숙박할 경우 추가 요금을 받을 수 있게 하였다.

그리고 내가 여자라서 남자 손님이면 혹시 무슨 문제라도 생기지 않을지 걱정돼 여성 전용으로 숙소를 운영하기로 하였다. 여성 전용으로 운영하면 예약이 저조하지 않을까 걱정하였는데, 기우와는 달리 오히려 안전한 숙소로 인식되었는지 주변 숙소보다 예약률이 높았다. 매달 25~30일가량이 외국인 관광객으로 꽉 찼으며, 월세와 공과금을 제외하고도 한 달에 100만~120만 원의 순익이 발생하였다.

월세만 보전하고자 시작한 에어비앤비 호스트였는데 수익이 나니 내 집이 너무나도 소중하게 생각되었고, 부수익은 부수익대로 챙기면서 월급은 그대로 차곡차곡 통장에 쌓이니 '과연 나처럼 돈을 잘 버는 사람이 또 있을까?' 하는 착각도 잠시나마 하였다.

어쨌든 의도치 않게 시작하였던 여성 전용 게스트하우스가 전략적으로 잘 먹혀서 주변 숙소들보다 더 경쟁력 있는 숙소가 되었던 것은 나에게 행운이었다.

직장 다니며 관리가 가능할까

하지만 직장을 다니며 숙소 운영을 하기가 만만치 않았다. 퇴근한 다음 청소를 해야 하기에 게스트가 퇴실한 뒤 하루는 숙소 예약을 할 수 없게 막아 놓았다.

내가 사는 집이라 거실 등은 청소가 어렵지 않았고 게스트가 머무르는 기간은 의외로 일주일에서 2주일가량, 더한 경우는 한 달간 장기로 머무르는 게스트도 많았다. 그러다 보니 한 달에 두 번에서 네 번 정도만 청소하면 되었고, 청소 자체가 직장 생활에 그렇게 영향이 간다는 생각도 들지 않았다.

내가 직장에 있는 시간에는 셀프 체크인으로 운영했다. 현관문은 디지털 도어락으로 바꾸어 체크인 전에 게스트에게 비밀번호를 보내 주었고, 내 방과 게스트의 방은 각각 열쇠를 이용해서 방문을 열 수 있게 하였다. 사생활이 노출될까 염려하던 마음은 어느새 눈 녹듯이 사라졌다. 관광객들은 오전 일찍 나가서 저녁 늦게 들어올 때가 많았기 때문이다. 오히려 게스트가 뭘 하고 다니는지 궁금하였고, 늦게 들어오면 가끔 걱정되기도 하였다.

글로벌한 유나 하우스

한국에 오는 외국인 관광객들은 신기하게도 한국인인 나조차도 잘 알지 못하는 장소들을 귀신처럼 알아 온다. 그래서 가끔은 외국인 관광객들과 마음이 맞으면 그곳을 같이 놀러 가곤 하는데, '이런 장소를 어떻게 알았을까?' 하는 신기한 생각이 들 때가 많다.

이런 과정을 통해 다양한 국가에서 온 외국인 친구를 많이 사귈 수 있었다. 몇몇 친하게 지낸 게스트들은 자신의 나라에 놀러 오면 꼭 들르라며 신신당부하기도 한다. 그리고 그들이 다른 외국인 친구들에게 내 게스트하우스를 소개해 주어 페이스북이나 인스타그램 등을 통해서도 많은 예약이 들어오곤 한다. 오랫동안 페이스북이나 카톡 등으로 연락을 주는 그들이 고마울 때가 많다.

직장인인 내가 생각하기에 게스트하우스 호스팅은 부업으로 수익을 챙길 수 있는 것은 물론, 외국인들과의 다양한 교류를 통해 삶의 즐거움을 배가시키는 일인 것 같다.

 **check** **Yuna's house의 수익 상황**

Yuna처럼 사회초년생으로서 타지에 정착하려면 적지 않은 금액이 든다. 매달 받는 많지 않은 월급의 절반을 월세와 관리비 등으로 지출해야만 한다면 미래를 준비하는 데 어려움이 많을 것이다. 이러한 상황을 타개하기 위한 방법으로 내가 사는 집을 활용하여 부수익을 창출할 수 있는 에어비앤비 호스트만 한 재테크가 없다. 호스트 Yuna의 수익 상황을 보면 다음과 같다.

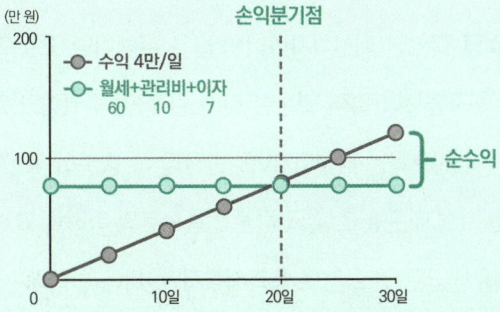

한 달을 기준으로 1명의 외국인 관광객이 20일을 예약한다고 가정하면 월세와 관리비 그리고 보증금의 대출이자까지 해결되며, 나머지 10일 동안의 예약은 순수익으로 남게 된다. 게다가 관광객이 1명보다 많거나 청소비 등의 부수익을 고려하면 실제적인 수익은 더욱 높아진다.

이처럼 에어비앤비 호스팅은 사회초년생의 재정 상황을 더욱 풍요롭게 바꾸어 줄 수 있다.

사례 5

내 집에서 세계를 만나다

내 집 같은 가든하우스

가장으로서의 책임감!

화려할 것만 같았던 패션디자이너의 길은 무척이나 고달프고 힘들었다. 또래 친구들보다 일찍 결혼한 탓에 한 집안의 가장으로서 가정을 꾸려 나가기 위해서는 패션디자이너란 직업이 충분히 역할을 해 주어야 했지만 그렇지 못했고, 결국 다른 업종으로의 이직을 결정하게 되었다. 이로써 월급은 어느 정도 풍족해졌지만, 마음 한쪽에는 꿈을 포기해야만 하는 것에 대한 아쉬움이 남았다.

기회는 우연히 찾아온다

그러던 어느 날 함께 패션디자인을 공부했던 친구들과 우리 집에서 조촐하게 저녁을 먹게 되었다. 그중에서 여행을 좋아하는 친구로부터 자기 집의 방 하나를 외국 친구들에게 빌려주고 좋은 추억을 만들고 있다는 이야기를 들었다.

그 친구의 호스트 생활이 무척이나 즐거워 보여 잠시 고민하였으나 이미 나는 가정이 있었던 터라 성급하게 결정하기에는 여러 가지로 무리가 있을 것 같아 당시에는 판단을 보류할 수밖에 없었다.

그렇게 몇 년이 흐르고 회사 생활의 스트레스와 잦은 야근으로 건강에 문제가 생겨 절실히 휴식이 필요했지만, 그럴 만한 여유가 없었다. 그러던 중 단독주택인 우리 집 1층에 세 들어 있던 세입자가 이사를 가게 되었고, 마침 그때 친구의 호스트 생활이 생각나면서 다시금 고민을 하기 시작하였다.

새로운 도전 그리고 설렘

가정이 있던 나에게는 새로운 도전에 대한 두려움이 많았다. 어느 정도의 수입을 벌게 될지도 알 수 없는 상황이었지만, 아내와 가족의 도움으로 마침내 용기를 낼 수 있었다. 다행스럽게도 나에게는 사람을 좋아한다는 장점이 있었다. 나는 처음 본 사람들과도 어색해하지 않고 자연스럽게 대화할 수 있다. 그리고 짧지만 외국에서 1년 정도 유학 생활을 했던 것도 게스트하우스 준비에 많은 도움이 되었다.

일단 단독주택 3층 중 1층을 직접 꾸며 보기로 하였다. 디자인을 전공한 데다, 평소에 내 손으로 직접 무언가를 만드는 것을 좋아했기에 '내가 가서 자고 싶은 편안한 집'이라는 테마로 나무 원목을 재료로 써서 나만의 게스트하우스를 꾸밀 계획을 세웠다.

그렇게 여러 명이 함께 사용 가능한 기숙사 형태로 된 게스트하우스의 전반적인 인테리어를 직접 하였다. 화장실과 샤워장, 침대, 화장대 등도 혼자 고민해서 만들기 시작하였다. 얼마 되지 않는 퇴직금으로 최대한 빨리 완성해야 했기에 씻지도 않고 하루에 3~4시간 쪽잠을 자면서 2개월간 부지런히 준비하였다.

인테리어를 끝낸 후 두근거리는 마음으로 사진을 찍고 에어비앤비 사이트에 우리 집 숙소를 올렸다. 그리고 나서는 한동안 예약 문의가 없을 것 같아 가족들과 그동안 바쁘다는 핑계로 여행 한번 못 간 회포를 풀려고 했다.

그런데 등록한 지 하루 만에 첫 예약이 들어왔고, 나는 기쁨과 얼떨떨함을 느끼며 호스트로서의 첫발을 내디뎠다.

게스트도 가족이다!!

숙소를 오픈한 지 한 달 정도 되었을 때 2개월간의 장기 예약 문의가 들어왔다. 문의자는 '홍대에서 가까운가?' '그 동네 거리는 안전한가?' 등을 질문하며 꼼꼼하게 숙소 상태를 확인하였다. 다인실로 장기 예약 문의를 하는 것은 처음인지라 기대하지 않았는데 다행히도 예약을 해주었다. 일단은 기분이 좋으면서도 걱정이 되었다. 단기 여행객들은 각자의 여행 스케줄대로 다니기에 간단하게 설명해 주어도 괜찮지만, 장기간 지내는 외국인들은 프로필만으로는 성향을 파악할 수 없어서 어떤 방식으로 방을 배정하고 스케줄이 없는 날은 어디를 추천할지 고민을 많이 해야만 했기 때문이다.

체크인 당일, 도착 예정 시간을 4시간이나 훌쩍 넘겼음에도 예약자한테 연락이 오지 않았다. 혹시 내가 안내를 잘못해 줘서 길을 잃어버린 건 아닐까 하는 생각마저 들었다. 다행히 한국분의 도움으로 연락을 할 수 있었고, 게스트는 무사히 우리 집을 찾아왔다. 하지만 게스트의 얼굴이 사색이 되어 있어서 오히려 내가 더 미안한 마음이 들었다.

이 게스트는 한국 드라마와 음악, 그리고 미술을 좋아해서 한국어를 배워 보고 싶어 하는 러시아 국적의 앳된 스무 살 여성이었다. 하지만 아무런 준비를 하지 않고 한국에 온 터라 의사소통에 한계가 있었다. 내가 그 나이 때 경험했던 힘든 유학 생활이 생각나면서 조금이나마 도움을 주고 싶었다.

나는 시간이 날 때마다 동네 맛집과 여행 가이드북에는 없는 명소 이곳저곳을 가이드해 주며 한국의 문화를 알려 주었다. 여행을 마친 그 친구는 다음 해에 다시 한국에 오게 되면 다시 우리 집에서 또 머물고 싶다는 말과 함께 러시아로 돌아갔다.

그리고 나서 이 게스트는 내 생일에 러시아에서 우리 가족들 선물(아기들은 장난감, 아내는 화장품, 나에게는 무지개 색깔별 양말)을 보내 주었다.

그렇게 1년이 지나고, 한국에 다시 온다던 그 친구는 약속한 대로 우리 집에 다시 왔고 한국 사람과 한국 문화를 더 사랑하게 되었다. 그동안 한국어를 열심히 공부해서 지금은 무리 없이 한국어로 많은 대화를 나눌 수 있고 가족처럼 지내고 있다.

게스트하우스를 운영하면서 나의 조그마한 관심이 한국이 낯선 이들에게 많은 도움이 될 수 있다는 것에 뿌듯함과 감사함을 느꼈던 경험이었다.

내 집에서 세계를 만나다

새로운 사람을 만난다는 것은 설레기도 하지만 용기도 필요하다. 첫 게스트가 오기 전 많은 준비를 해야 하고, 점점 더 많은 게스트를 만나게 되면 어느 순간 문화의 차이를 느낀다. 많이 다른 것 중 하나는 생활 쓰레기 재활용이다.

호스트 활동 전 여타 나라들에 비해 우리나라의 생활 쓰레기 재활용 비율이 높다고 생각했는데, 특정 나라의 사람들은 그것에 관한 호기심이 정말 많았다. 한번은 국립공원에서 일하면서 자연을 엄청나게 사랑하는 체코 프라하에서 온 게스트가 재활용하고 있는 내 모습을 촬영한 적도 있었다. 그 친구는 플라스틱 용기에 음식물이 묻어 있는 것을 왜 물로 헹구는지, 과자 비닐봉지들은 왜 딱지처럼 접어서 버리는지 하나하나 궁금해했다. 그래서 두 시간 동안 재활용하는 방법과 지구온난화에 대해 이야기해 준 적도 있었다.

게스트들에게 이렇게 다가가려고 노력하니 자연스럽게 많은 친구를 알게 되었고, 게스트들도 한국 여행 중 이해할 수 없었던 우리나라 문화들을 자연스레 이해하게 되었다.

내 집에서 세계 여러 나라에서 온 사람들과 직접 교류하며 여행자들의 행복 바이러스를 항상 느낄 수 있는 호스트는 정말 환상적인 직업이다. 한 명 한 명에게 따뜻한 한국의 멋을 보여 주면 호스트로서의 자부심과 뿌듯함을 느낄 수 있을 것이다.

절대 쉽지만은 않다

여러 나라 사람과 만나고 즐거운 시간을 보낼 수 있는 것이 호스트로서의 가장 큰 장점이지만, 감정 때문에 문제가 생기면 감당하기 힘든 시간을 보낼 수도 있다.

언젠가 한번은 이런 일도 있었다. 아흐레 동안 가끔 아침 식사도 같이 하고 주변의 전통시장도 가이드해 주며 즐거운 시간을 보냈던 게스트들이 있었는데, 여행 마지막 날 그들에게 메시지 하나가 와서 확인해 보니 방에서 현금 20만 원이 없어졌다는 것이었다.

우리 숙소에서 지내는 동안 게스트들이 밖에 나가면 방 청소도 매일 해주고 세탁물도 깨끗하게 빨아 주었는데, 이런 메시지를 받으니 황당할 뿐이었다. 방에서 현금이 없어졌다는 이야기는 우리 가족 중 누군가가 자신들의 방에 들어가 그 돈을 훔쳤다는 이야기였으니 말이다.

이 일로 새벽 1시부터 한 시간 동안 감정싸움을 하게 되었다. 이 친구들은 여행자보험을 들어놨는데 진술서가 있으면 보험 혜택을 받을 수 있으니 함께 경찰서에 가 달라는 요구를 하였다.

게스트들이 어렸기에 이해하고 진술서를 쓰기 위해 집을 나섰지만 경찰서에 가서는 더 감정 상하는 일이 생기고 말았다. 그들이 쓴 진술서에 현금 50만 원이 없어졌다고 적혀 있는 게 아닌가. 알고 보니 여행자보험을 통해 50만 원까지 혜택을 받을 수 있기에 그 금액을 적었다는 것이었다. "그럼 처음부터 진술서가 필요하다고 하지, 왜 거짓말을 해서 감정을 상하게 하느냐?"라고 물어보니, 답변은 간단히 미안하고 고맙다는 말뿐이었다.

이 일 이후로 나는 상처를 받아 한동안 새로운 게스트들에게 데면데면할 수밖에 없었다.

나의 친구들!

2년 동안 숙소 운영을 하다 보니 에어비앤비의 슈퍼호스트가 되었고, 지금도 안정적으로 운영되고 있다. 방 2개의 다인실로 운영되고 있어 수시로 체크인·체크아웃이 있긴 하지만 비수기를 포함해서 70~80%의 예약률과 연평균 월 300만 원 정도의 순익이 나고 있다.

많은 사람을 만났지만 거의 얼굴과 이름을 기억하고 있다. 가끔 무료해질 때 게스트들과의 추억을 떠올리기도 하고 생각나면 연락하기도 하는데, 개중에는 자기네 나라에 놀러 오라고 하는 게스트들도 있다. 하지만 혼자 운영하고 있어서 시간을 만들기가 쉽지 않다.

그래서 그런지 한국을 좋아하고 우리 집과 우리 가족을 좋아하는 친구들은 자주 재방문을 해 주고 있다. 항상 먼 곳에서 찾아 주는 내 친구들과 새로운 친구들을 위해 처음 오픈했을 때의 마음을 유지하려고 노력한다. 게스트하우스를 이용하는 친구들 대부분이 어리기 때문에 대화하다 보면 내가 그동안 잊고 지내던 꿈에 대한 열정을 느낄 때가 있다. 이런 시간을 함께할 수 있는 지금에 감사한다.

 check — **슈퍼호스트가 되려면**

가든하우스의 호스트는 숙소의 청결도, 위치의 정확성, 게스트와의 빠른 의사소통 등으로 편리함과 안락함을 제공해 외국인 게스트의 만족도가 높았다. 이러한 게스트들의 높은 만족도는 에어비앤비에 게시된 '숙소 별점'이라는 형태로 나타나는데, 이것을 포함해 에어비앤비에서는 몇 가지 조건을 충족할 경우 '슈퍼호스트' 배지를 부여한다.

에어비앤비의 슈퍼호스트가 되기 위해서는 숙소의 리뷰 별점 80%가 5점 이상이어야 하며, 게스트의 예약을 취소하지 않고 1년에 최소 10회 이상의 예약을 받고 이행해야 한다. 또 숙소에 대한 게스트들의 문의에 90% 이상 신속하게 응답해야 한다.

슈퍼호스트가 되면 일반 호스트와 달리 어느 정도 인증된 호스트라는 의미에서 슈퍼호스트 배지가 숙소와 함께 에어비앤비 사이트에 보이게 되며, 1년 이상 슈퍼호스트를 유지하면 에어비앤비로부터 100달러짜리 여행 쿠폰을 받는다. 또한 에어비앤비의 슈퍼호스트 우선 지원 제도 및 신제품 사전 체험 등의 다양한 행사에도 참여할 수 있다.

외국인 관광객을 위해, 그리고 자신의 높은 비즈니스 성과를 위해 슈퍼호스트라는 배지를 목표로 호스팅한다면 수익과 보람이라는 두 마리 토끼를 모두 잡는 기분 좋은 결실을 얻게 될 것이다.

카페와 게스트하우스를 동시에

명동의 커피하우스

나와 맞지 않는 직장으로 인한 스트레스

나는 서울에 있는 한 회사의 영업 직원으로 근무했었다. 좋은 회사에 들어가 적지 않은 월급을 받았음에도 불구하고 직장 생활이 내게는 엄청난 스트레스였다. 코드가 맞지 않는 상사와의 트러블과 적성에도 맞지 않는 영업직 생활에 지쳐 매일매일 사표를 정장 주머니 속에 넣고 다녔을 정도였다. 그러니 '언젠가는 이 회사를 그만둬야지'라는 생각이 늘 머릿속을 맴돌고 있을 수밖에 없었다.

그래서 일요일 저녁마다 '내일은 반드시 사표를 내고 말 거야'라고 다짐에 다짐을 했지만, 당시에는 현실적으로 직장을 나와서 생활할 수 있는 다른 수단이 마땅치가 않아 퇴사는 자꾸만 미뤄졌다.

그래, 퇴직을 준비하자

회사를 무작정 박차고 나간다고 아무것도 달라질 것이 없다는 생각이 들어 퇴사 이후를 준비하는 마음으로 부동산, 주식 등 다양한 재테크를 알아보았다. 그러던 중 에어비앤비 호스트에 관한 기사를 보게 되었고, 그 즉시 에어비앤비 홈페이지에 접속해서 여러 숙소를 살펴보니 의외로 오피스텔에서 시작하는 사람들도 많다는 것을 알게 되었다.
'오피스텔이 있다면 나도 할 수 있지 않을까?' 하는 생각에 가슴이 두근거렸고, 용기를 내어 시작해 보기로 하였다. 때마침 얼마 뒤면 만기가 되는 적금을 타게 되어 목돈이 수중에 들어올 예정이라 오피스텔을 하나 매매해서 월세를 받는 재테크를 하려고 계획 중이었다. 그래서 이왕이면 에어비앤비 호스트를 하면 좋겠다는 생각을 굳히게 되었다.

가슴 떨리는 첫 부동산 거래와 첫 대출

적금 만기가 되자마자 당시 다니던 직장 주변에 있는 부동산에 들러 역세권에 오피스텔 매물이 나와 있는지를 알아보았다. 그런데 가격이 진짜 만만치 않았다. 집 하나에 '억이다' 하는 말은 자주 들었지만, 오피스텔도 진짜 억 소리가 나왔던 것이다. 너무 큰 금액이라 '내가 이걸 계약해도 되나?' 하는 무서움마저 들었지만, 마음을 굳게 먹고 부동산을 거래하였다. 생애 첫 부동산 거래와 대출에 쉽사리 마음이 진정되지 않았던 기억이 아직도 생생하다.

오피스텔을 월세로 내놓을 거냐는 부동산 사장님의 말씀에 다른 용도로 쓰려고 한다고 말하고는 빠르게 오픈 준비에 들어갔다. 인터넷으로 각종 가구와 필요한 물품들을 주문하였고, 숙소를 예쁘게 꾸며 1박당 7만 원에 에어비앤비에 업로드하였다.

하루 만에 예약이 세 건이나 들어오고 문의 또한 수도 없이 들어왔다. 첫 부동산 거래로 놀란 마음이 진정되지도 않았는데, 에어비앤비 예약 알람이 시도 때도 없이 울려 대서 더 가슴이 진정되지 않았다.

약 한 달 정도 지나 결산해 보니 놀랍게도 평균적으로 월세 60만 원 정도를 받는 내 오피스텔의 수익이 200만 원 넘게 나왔다.

그래서 용기를 내어 같은 건물에 월세 하나를 더 계약하고는 2개의 에어비앤비 숙소를 운영하기 시작하였다. 매달 월급 이상의 수익이 나오니 왠지 직장 생활도 수월하게 느껴졌다. 그리고 미래를 위한 준비가 잘 진행되어 가는 것 같아 마음이 더 든든하였다. 이후 본격적으로 내가 하고 싶은 일을 하는 미래를 준비하기 시작하였다.

인생의 2막을 준비하자

그러던 어느 날 '에어비앤비의 오피스텔 운영은 불법'이라는 것을 알게 되어 나는 단속의 불안함에 떨 수밖에 없었다. 관광경찰의 단속이 너무나도 무서웠고 더 이상 에어비앤비를 통한 오피스텔 숙소 운영이 안정적으로 보이지 않았다. 고민에 고민을 거듭하다 결국 제2의 인생을 살기로 마음먹고 직장을 퇴사하기로 결심하였다. 너무도 이른 나이라 동료들이 다들 뭐 할 거냐며 걱정해 주었지만 "게스트하우스를 운영하려 합니다"라고 당당하게 말하고는 즐거운 마음으로 회사를 나왔다.

이후 부모님의 대출과 친구 등을 통해 빌린 돈으로 경사로에 위치한 허름한 2층 집을 구매하였다(매매는 꼭 부모님과 하길 바란다. 연륜은 무시 못 한다).

집이 너무나도 허름하여 부모님과 함께 청소를 하였고, 약간의 공사는 외삼촌께 부탁드렸다. 그러고는 구청에 숙소 신고를 마치고 나서 새롭게 페인트칠한 집 한쪽에 '행복'이라는 글자를 썼다.

젊어서 고생은 너나 하세요

현재 집의 경사로 쪽 일부는 평소 꿈꾸던 카페로 꾸며 영업하고, 방 3개는 도시민박업 허가를 받아 게스트하우스로 운영 중이다. 외국인 관광객들이 놀러 오면 카페에서 음료도 한잔 주고 여행 이야기도 들으면서 호스트 생활을 즐기고 있다. 직장을 다니면서 에어비앤비를 통하여 재테크한 것이 제2의 인생을 살 수 있도록 용기를 준 것 같다.

이렇게 카페에서 한가하게 커피를 내리고 집 청소하는 것을 보며 어떤 사람들은 젊어서 벌써 놀려고 하느냐고 책망하기도 한다. '젊어서 고생은 사서도 한다'는 말이 있다지만, 지금의 나는 정말 행복하다. 치열하지 않은 게스트하우스 운영자로, 또 카페 사장으로 커피를 내리고 고양이와 함께 즐겁게 생활하는 내 모습이 스스로 생각하기에도 너무나 예뻐 보인다.

영업 사원으로 직장 생활을 시작하여 카페 주인과 에어비앤비 호스트로 바뀐 내 인생. 회사를 그만두고 새로운 일을 시작할 수 있도록 용기를 주었던 에어비앤비에 늘 감사하고 있다.

 check **오피스텔에서의 에어비앤비 운영은 불법**

커피하우스의 호스트는 직장 생활을 하면서 생긴 목돈을 활용해 에어비앤비 호스트를 하게 된 사례이다. 오피스텔에서의 에어비앤비 숙소 운영이 합법과 불법 사이의 오묘한 경계에 있던 때에 시기적절하게 합법적으로 운영하며 월급 이상의 수익을 얻음으로써 심리적

안정까지 얻을 수 있었다.

하지만 결국 '에어비앤비의 오피스텔 운영은 불법'으로 결론나면서 이것을 계기로 오히려 회사를 그만두고 에어비앤비 호스팅의 경험을 살려 게스트하우스와 카페까지 오픈하며 제2의 인생을 시작하게 되었다.

에어비앤비를 통해 2개 이상의 숙소를 운영하면서 월세 이상의 수익을 얻고 경험을 쌓은 후 게스트하우스까지 오픈한 직장인 투잡의 좋은 사례라 할 수 있다.

그렇지만 지금은 오피스텔에서의 에어비앤비 운영은 불법임을 명심해야 한다.

 **투잡족**

사회생활에 어느 정도 자리를 잡은 직장인들은 이제 서서히 재테크에 관해 이야기하기 시작한다. 미래를 준비하거나 노후 또는 제2의 인생, 그리고 결혼하여 신혼집을 장만하기 위한 재테크를 준비하곤 한다.

그러나 실제로는 월세라도 받기 위해 건물을 하나 사려고 해도 '조물주 위의 건물주'라는 신분으로 변신하기에는 자금이 마땅치 않고, 유망 지역의 아파트나 주택 또는 땅에 투자하려고 하여도 언제 가격이 오를지 모르며 초기 투자 금액 또한 적지 않게 든다.

그래서 많은 사람이 직장에 다니면서 돈을 더 모을 수 있는 부수익이 없을까를 고민하게 된다. 이렇게 더블잡(투잡)으로 재테크를 하고픈 직장인이라면 다음의 에어비앤비 호스트 사례를 눈여겨보길 바란다.

사례 7

개인 사업자에게 안성맞춤

공덕의 Friendly House

남는 시간 남는 방으로 무엇을 할까

광고 마케팅 및 판촉 관련 사업체를 운영하고 있다. 직업 특성상 항상 새로운 정보와 최신 트렌드에 관심이 많고 재테크로서의 부동산에도 관심이 많다. 어느 날 우연히 알게 된 에어비앤비. 사람 만나는 것을 좋아하고 혼자 살기에는 큰 집과 비어 있는 방이 아쉬워 호스트에 관심이 가기 시작했다.

호스트에 관해 이리저리 공부하며 알아보던 중 호스트를 하려면 게스트의 체크인과 체크아웃 그리고 숙소 청소 등의 관리 시간이 필요하다는 것을 알게 되었다. 숙소의 체크인과 체크아웃이 대부분 정오를 전후하여 이루어지곤 하는데, 개인 사업체를 운영하는 나로서는 유연하게 근무 시간을 조정할 수 있는지라 더욱 구미가 당겼다.

주민과 친하게 지내야 한다

합법적으로 외국인 관광 도시민박업을 허가받으려면, 빌라의 경우 같은 동 거주자 50% 이상의 동의를 받아야 한다(동의 비율이 구청별로 상이하니 해당 구청 관광과에 확인이 필요함). 평소 주민들과 잘 교류하면서 친하게 지내고, 지역의 쓰레기 처리 문제 등 각종 민원도 담당했기에 비교적 쉽게 주민들로부터 동의서를 받았다. 물론 동의서를 받았다고 끝이 아니다.

외국인 관광객들이 우리 숙소를 오갈 때 시끄럽게 들리는 캐리어 끄는 소리와 외지인이 들어온다는 불편함을 이해해 주는 주민들에게 지금도 가끔 과일 등을 들고 찾아가서 마찰이 없도록 양해를 구하고 있다. 도심 속의 게스트하우스 운영은 지역 주민들과의 조화가 우선이다.

사람이 재산이다

게스트하우스 운영을 통하여 금전적인 이득을 얻는 것이 1순위가 아니라 삶의 활력을 더하고 사람들 만나는 것을 우선으로 생각했기에 우리 숙소에 숙박하러 오는 외국인 관광객들을 내 가족처럼 대하였다. 가끔씩은 그들이 좋아하는 통닭을 함께 먹으면서 한국의 문화나 패션 등 다양한 화제를 놓고 즐겁게 이야기를 나누곤 하였다.

이런 사적인 시간을 공유하니 게스트들이 '고마웠다'는 편지를 남기기도 하였다. 나 역시 게스트가 좋은 추억을 쌓고 가는 것 같아 기분이 좋았다. 그럴 때면 우리나라의 관광산업 발전에 조금이나마 기여하는 것 같아 어깨가 으쓱하기도 했다. 이것이 컴플레인 없는 숙소 운영의 비결이기도 하다.

이처럼 내가 에어비앤비 숙소를 운영하는 목적은 다양한 사람을 만나 삶의 재미를 느끼고자 함이기 때문에 숙박료를 일 4만 원 정도로 싸게 받는다. 그래도 약 100만~120만 원가량의 월 수익이 발생하고 있고,

관리비 및 공과금 등은 원래 내가 사용하던 수준이라서 추가적인 비용이 그렇게 많이 들지 않는다.

게스트를 소중한 내 가족처럼

게스트들이 우리 숙소에 찾아오면 체크인할 때 항상 인사를 나누고 숙소의 각종 시설과 물품의 사용 방법 등에 관해 자세하게 설명해 준다. 요즈음 에어비앤비 숙소는 대체로 편리함을 강조하기 위해 디지털 도어락을 이용한 셀프 체크인을 많이 하지만, 나는 사람과의 만남을 강조하기 위해 직접 대면하는 방법을 쓰는 것이다. 또한 내 가족이 머물고 간다는 마음가짐으로 게스트들의 침구는 항상 세탁해서 깨끗한 상태를 유지하고, 방도 게스트가 바뀔 때마다 깨끗하게 청소해서 최상의 상태를 유지한다.

뭔가를 바라고 한 것은 아니지만, 이러한 대면 방법과 숙소 관리가 게스트들의 감성을 자극하였는지 내 숙소에 관한 후기는 항상 좋았다. 그리고 좋은 숙소 후기는 더 많은 숙박 예약을 이끌어 냈다.

좋은 사진이 예약률의 끝판왕

그런데 집을 아무리 좋게 인테리어해도 사진이 좋지 않으면 예약이 되지 않는다. 입장을 바꿔서 내가 게스트라도 당연하다. 사진상으로 보이는 숙소 모습이 전부라 해도 과언이 아닐 텐데, 숙소가 보기에 좋지 않으면 예약할 리가 없지 않은가.

그런데 '쉐어&하우스 연구소' 카페 내 에어비앤비 호스트들의 모임 커뮤니티에서 활동하던 중 운 좋게도 무료 사진 촬영 서비스에 당첨된 적이 있었다. 숙소를 운영 중인 호스트 분이 취미로 사진을 찍으시는데 우리 집을 촬영해 주기로 한 것이었다. 그분이 찍어 준 사진은 내가 찍은 사진과는 비교할 수 없을 정도로 선명하고 깔끔했다. 그 사진을 내 숙소 소개에 넣었더니 갑자기 예약이 급증하기 시작했다.

깨끗하고 좋은 숙소 운영과 더불어 내 숙소의 매력을 어필하기 위해서는 전문 사진사에게 촬영의 도움을 받기를 강력 추천한다.

내 삶의 다양성을 불러일으키다

우리 숙소에 머물렀던 외국인 게스트들과 나는 다양한 국제적 비즈니스에 관해 이야기하곤 했다. 세계적인 투자은행인 미국의 모건스탠리에서 일하는 친구는 내 비즈니스에 대해 이런저런 조언을 해 주었고, 추후에 해외 진출 시 도움을 주겠다며 연락을 주고받고 있다. 또 동남아시아에서 화장품 도소매를 하는 게스트는 한국의 화장품 무역 및 마케팅과 관련해서 앞으로 서로 도움을 주고받을 생각이다.

이처럼 에어비앤비 숙소 운영을 통해 오히려 내가 비즈니스 아이디어와 인적 자원, 그리고 삶의 활력을 얻는 등 다각적으로 도움을 받고 있다.

사례 8

계약직의 불안함에서 벗어나다

강서의 Dora 하우스

'계약직'의 불안함

나의 20대는 화려한 젊음보다는 '계약직'이라는 불안함이 항상 함께 하였다. 더군다나 20대에서 30대로 넘어가면서는 결혼 이야기가 점점 구체화되고 있었지만 결혼 비용은 차치하더라도 박봉인 남자친구와 함께 살 집을 마련하고 애를 키우며 밝은 미래를 준비한다는 것은 꿈만 같았다. 결혼은커녕 나 자신의 미래도 감당할 능력이 없다고만 생각했기에 괴로운 날들이 계속되었다.

친구는 왜 항상 자유로울까

나에게는 항상 자유로운 친구가 있다. 그 친구는 미래를 준비하는 것 같지도 않아 보였고, 돈을 벌기보다는 여행을 자주 다녔다.

어느 날은 친구를 만나서 결혼에 대한 걱정을 토로하였더니, 자기가 에어비앤비 호스트를 하고 있다고 했다. 그러면서 한번 해 보라며 추천해 주는 게 아닌가. 친구의 이야기를 들어 보니 돈도 벌 수 있고, 생활도 자유로워 보였다. 하지만 그동안 거의 해 보지도 않았던 부동산을 거래하려고 하니 왠지 모르게 위축이 되고, 부담이 되었다. 결국 당시에는 호스트를 하는 친구의 용기를 부러워하기만 할 뿐, 어떤 행동도 하지 못했다.

용기 있는 한 발자국

회사와의 계약 종료가 다가오는 시점에 와서야 이제는 뭐라도 해야겠다는 생각이 들었다.

직장에 다니며 모아 놓은 돈을 보니 '이제까지 난 뭘 했나?' 하는 생각에 잠깐 눈물이 날 뻔했지만, 이 정도라도 모은 게 어디냐며 스스로 위로하고 친구의 도움을 받으며 호스트에 관해 알아보기 시작하였다. 에어비앤비 호스트를 하더라도 직장은 다녀야 했기 때문에 청소 등의 관리를 고려하면 집에서 멀리 떨어진 곳은 엄두가 나지 않았다. 결국 나는 엄마에게 도움을 청했고, 엄마는 흔쾌히 함께 가까운 곳에 위치한 여러 부동산을 돌아다니며 숙소로 쓸 만한 집을 알아봐 주셨다.

마침내 집 근처에 호스팅할 집을 계약하고 나서는 말 그대로 정신이 하나도 없었다. 미리 숙소의 침대와 TV 받침대, 커튼 등을 결정하고 사 놓아야 했는데 아무 생각도 없었기 때문이다. 호스트를 처음 하는 것이라 집이 비어 있는 만큼 숙소의 수익이 낮아진다는 것을 생각하지 못했다. 숙소 입주가 정해지고 나서야 청소를 하고, 필요한 물품 등을 사기 시작했다.

하지만 결정 장애가 있는 나로서는 침대도 못 사고 커튼과 이불 등을 고르는 데도 주저했다. 결국 에어비앤비에 접속하여 다른 지역 호스트들의 숙소를 하나하나 살펴보며, 거기에서 본 예쁜 디자인과 유사한 이불 및 각종 가구와 제품들을 골라 숙소에 채워 놓았다.

막막했던 인테리어가 이런 식으로 어느 정도 그럴듯하게 준비되자, 에어비앤비에 숙소 등록을 하였다. 그리고 숙소 등록 후 하루인가 이틀이 지나 약 700달러의 예약이 들어와서 '내가 정말 호스트가 되었구나' 하는 생각을 하게 되었다.

부업이 본업을 위협하다

월세는 50만 원 정도인 데 비해 약 2주 동안 내게 들어온 돈은 80만 원 정도라 너무 놀랐다. 당시 월급의 반 이상이 수익으로 들어온 것이었다. 처음에는 '뭐 이런 일이 다 있지?'라는 생각만 들었다. 그러다가 월세와 관리비를 내고 나서도 120만~150만 원가량의 월 수익이 발생하니 욕심이 생겨 숙소를 확장해야겠다고 생각하게 되었다.

몇 개월 뒤, 엄마에게 무이자로 돈을 빌려서 예약이 더 많이 성사될 것 같은 서울역 인근에 엄마 이름으로 2호점을 냈다. 하지만 직장을 출퇴근하며 수월하게 운영할 수 있을 것이란 생각과 달리 상당히 손이 많이 갔다. 수익은 둘째 치고 직장에서 자리를 자주 비우니까 동료들이 나를 좋지 않은 시선으로 본다는 것이 느껴졌기에 눈치를 볼 수밖에 없었다. 어쩌다 보니 본업도 부업도 왠지 불편하기만 하였다.

역시 호스트를 하려면 집과 가까운 지역에서 해야 관리가 편하다는 것을 깨달았다. 지금도 집과 가까운 곳에서 숙소 운영을 해야 본업이 흔들리지 않는다는 철칙을 지켜 나가고 있다.

우리 집에 뭘 보러 오는 것일까

홍대나 강남과 비교하여 강서 지역은 외국인 관광객에게 생소한 지역이라고 생각해서 가끔 게스트들에게 무엇을 하러 이쪽 지역으로 오는지를 물어보곤 하였다. 그들의 말에 의하면 강서는 동대문, 홍대, 강남 등으로 가는 중간에 있어서 교통이 편리하기도 하고, 고척 스카이돔에서 열리는 공연을 보기 위해서 이곳을 찾는다고 하였다. 특히 방탄소년단, 빅뱅 등의 아이돌 공연이 시작되면 중국, 동남아시아 등의 관광객들이 엄청나게 많이 공연을 보러 왔다.

또한 무엇보다 홍대와 같은 핫 플레이스는 아니지만 그 지역보다 싸게 숙박료를 책정한 것이 주효했던 듯하다. 저렴하지만 주요 여행 지역으로 이동하기에 편리하다는 장점 때문에 우리 숙소의 예약률이 높은 듯싶다.

호스트로 성공하는 방법

한동안 예약이 들어오지 않는 시기가 있었다. '아, 비수기구나'라고 무심코 생각했다가 수익이 줄어들고 내 숙소 주변으로 호스트들이 몇 명 더 생겨나자 조바심이 나기 시작했다. 그래서 숙소 운영에 더욱더 노력을 기울였다.

장기 투숙자들에게는 가끔 통닭을 시켜 주거나 과자를 가져다주며 간식을 챙겼다. 청소를 하러 가면 내가 살고 있는 집처럼 열심히 쓸고 닦았다. 또한 게스트들이 뭔가를 문의하면 친절하게 알려 주려고 최대한 노력하였다.

진부한 이야기이지만 노력은 배신하지 않는 듯하다. 숙소의 후기가 점점 더 좋아지면서 예약이 더 많이 들어오기 시작하였다. 그래서 지금은 주변의 호스트들보다 높은 수익률을 내고 있고, 경쟁력도 있는 호스트가 되었다.

좋은 숙소, 편안한 숙소를 운영하다 보면 관광객들에게 긍정적인 인상을 주게 되어 에어비앤비 호스트로서 반드시 성공하리라 확신한다.

사례 9

4시간만 자도 즐겁다

부산의 쥬시 하우스

내가 원했던 삶을 산 적이 없었다

대학교를 졸업하자마자 부모님이 원하는 은행에 떡하니 붙었지만, 적성에 맞지 않은 일이라 6개월 만에 퇴사하고 백수로 하루하루를 보내고 있었다.

하지만 그 생활도 잠시, 엄마의 잔소리를 견디지 못하고 재취업해 다시 회사원으로 돌아갔다. 그러나 연차가 쌓이면 쌓일수록 쉴 틈도 없이 처리해야 하는 업무로 인해 정신적, 육체적으로 지쳐 가고 있었다. 스물여덟이었던 당시에는 이런 식으로 성큼성큼 다가오는 30대가 너무나도 무서웠다.

나름대로 열심히 살았다고 자부했었는데, 지나간 삶을 되돌아보니 내가 원하는 삶을 살았던 적이 없었기 때문이 아닐까 싶었다.

어릴 때부터 여행을 너무 좋아해서 부모님께 관광고등학교에 진학한다고 했다가 반대로 포기했고, 고등학교 시절엔 선생님께서 관광학은 비전이 없다고 만류하셔서 포기했다. 대학 입학 후에도 전과하겠다는 선언에 선배들이 만류했고, 졸업 후에도 내 뜻과는 상관없이 부모님의 바람대로 은행에 취직해 은행원이 되었다.

내가 간절히 원했던 삶을 선택해서 살아 본 경험 없이 다가오는 30대를 맞이하기가 정말 싫었다.

이제는 내가 원하는 삶을 살고 싶다
30대에는 내가 원하는 일을 하면서 행복하게 살고 싶었다. 더 이상 남의 의견과 선택이 아닌 내가 원하는 삶을 찾고 싶었다.

그래서 스물여덟 생일날, 아무런 계획도 없이 비행기 티켓과 호텔만 예약하고 혼자서 무작정 홍콩으로 여행을 떠났다. 짧은 시간이었지만, 내 삶에 대해서만 집중하고 앞으로 어떻게 살아가야 할지 정리하고 싶었다.

그곳에서 다양한 사람과 만나면서 이야기를 나누게 되었고, 한국에 돌아온 뒤 홍콩에서 만났던 사람들과 다시 부산에서 만남을 가졌다. 나를 제외하곤 모두 부산에 처음 여행 온 서울 사람들이었기에 내가 가이드가 되어 부산 곳곳을 안내해 주었다. 그때 서울 여행자들이 묵었던 곳이 바로 '해운대 에어비앤비'였는데, 당시 부산에는 에어비앤비가 지금처럼 활성화되어 있지 않았기 때문에 나는 에어비앤비의 플랫폼이 매우 충격적이고 신기하고 놀라웠다.

어릴 때부터 노후에 펜션이나 게스트하우스를 하고 싶다는 버킷 리스트를 가지고 있었던 나에게는 정말 좋은 소식이었다. 아주 먼 미래에나 이룰 수 있을 거라고 생각했던 숙박업주의 꿈을 적은 자본과 나만의 아이디어로 시작할 수 있다는 생각에 매우 들뜨고 마음이 설레었다.

내 삶의 선택은 내가 스스로 해야 한다

처음에 에어비앤비를 한다고 가족과 친구들에게 말했을 때, '그게 뭐야?' '그거 해서 얼마 벌겠어?' '그런 거 하지 마'라며 다들 극구 반대했다.

반대 의견에 풀이 죽어 있을 때, 몇몇 주변 지인들이 '후회하지 않는 삶을 살고 싶으면 다른 사람의 말을 듣기보다 네가 하고 싶은 일을 꼭 해 봐'라는 응원을 해 주었다. 이 말에 용기를 얻어 '더 이상 남의 이목에 신경 쓰지 말고 내가 하고 싶은 일을 해 보자'라는 생각을 하게 되었고, 마침내 에어비앤비를 시작할 수 있었다.

부모님과 친구들의 반대를 무릅쓰고 시작하는 일이었기 때문에 도움을 받지 못하고 모든 것을 혼자서 준비할 수밖에 없었다. 도배와 청소, 가구 조립, 인테리어까지 이를 악물고 했다. 지금 생각하면 어떻게 그 많은 것을 혼자 했나 싶을 정도로 힘든 일이었지만, 정말 최선을 다해서 열심히 했던 것 같다.

매일 4시간 자도 지금 하는 일이 즐겁다

숙소를 오픈한 후 직장 생활과 병행해야 했기 때문에, 출퇴근 전후가 전쟁 같았다. 출근 전에는 게스트를 맞이하기 위해 입실 청소를 해 놓아야 했고, 퇴근 후에는 쌓인 빨래와 청소를 비롯해 예약 관리까지 했다.

일이 손에 익지 않아 매일매일 청소와 빨래를 하느라 3~4시간만 자고 출근한 적도 많았다. 이전에는 편안하게 쉬었던 주말 역시 모두 반납하고 청소와의 전쟁을 벌여야만 했다. 또한 처음 숙소를 시작하고 나서 얼마 되지 않았을 때는 게스트의 메시지에 빠르게 응답해 줘야 한다는 생각에 늘 머리맡에 스마트폰을 두고 잠들었고, 자다가도 일어나서 답장하기 일쑤였다.

비록 잠도 못 자고 주말에도 쉬지 못했지만, 내가 깨끗하게 청소하고 정성 들여 인테리어를 한 공간에 게스트들이 방문해서 '인테리어가 정말 예뻐요' '정말 편안하게 묵고 갑니다'라고 남긴 말 한마디에 모든 피로가 다 풀렸다.

그렇게 즐기면서 일을 하다 보니 1년 만에 슈퍼호스트를 세 번이나 달성하게 되었다. 이것은 '슈퍼호스트 배지'라는 상징적 의미뿐만 아니라 수익에도 많은 도움이 되었다. 관광객이 많은 지역인지라 성수기 매출은 약 200만 원, 비수기 매출은 약 120만 원으로 성수기와 비수기의 매출 차이가 큰 편이지만 내가 하고 싶은 일을 너무나도 재미있게 하고 있다는 것이 정말 좋다.

기억에 남는 게스트와 사건 사고

그동안 숙소를 운영하면서 다양한 게스트들을 만났다. 그중에서도 우리나라의 벚꽃을 보기 위해 필리핀에서 혼자 여행 왔던 클레어Claire가 기억에 많이 남는다. 나 또한 혼자서 여행해 본 경험이 몇 차례 있었기에 혼자 온 게스트에게는 애틋한 마음이 들어 신경을 더 쓰게 된다.

클레어는 한국으로 여행을 오기 전 필리핀에서 취직을 하기 위해 여러 회사에 서류를 접수했다고 했다. 그런데 여행 마지막 날 서류 합격 소식을 들었고, 구직하던 회사에서는 화상통화로 잡job 인터뷰를 했으면 했다.

클레어는 나에게 심카드를 재구매하고 싶다고 부탁하였고, 나는 얼른 심카드를 구매할 수 있는 매장을 찾아 알려 주면서 화상통화가 가능한 심카드가 필요하다는 메시지를 핸드폰 매장 직원에게 보여 줄 수 있도록 한국어로 된 문장까지 작성해 주었다. 이런 우여곡절과 함께 클레어는 화상 인터뷰를 무사히 마칠 수 있었다.

하지만 아쉽게도 여행 마지막 날까지 벚꽃이 피지 않아 결국 클레어는 벚꽃을 보지 못하고 한국을 떠날 수밖에 없었다. 그래서 나는 아쉬움이 덜하도록 우리나라를 떠난 클레어에게 만개한 벚꽃 사진을 찍어서 보내 주었다.

클레어는 감사하다는 메시지와 함께 취업에 성공했고 이듬해 봄에 꼭 벚꽃을 보러 가겠다는 기쁜 소식을 전하며 우리 숙소에서 머물렀던 사진을 공유해 주었다. 나 또한 힘든 취준생 시절을 겪었기에 클레어의 합격 소식을 누구보다도 기뻐했던 기억이 있다.

한편 다양한 게스트들이 오다 보니 사건 사고도 간간이 일어났는데, 그중에서 가장 아찔했던 것은 바로 도어락 비밀번호를 잊어버렸던 경험이다.

나는 매번 게스트들이 숙소에 입실할 때마다 도어락 비밀번호를 변경하는 편인데, 하루는 회사에서 근무하고 있을 때 체크인하기로 한 게스트한테서 비밀번호가 맞지 않는다는 메시지를 받게 되었다. 생각나는 비밀번호를 그들에게 모두 전달해 주었지만, 여전히 비밀번호가 맞지 않았다.

무더운 여름 날씨에 숙소 밖에서 기다리고 있을 게스트들을 생각하니 갑자기 등에서 식은땀이 나기 시작했다. '어떻게 하지?' 당황하며 혼자서 발만 동동 굴리다가, 일단 게스트에게 가까운 카페에 잠깐 가 있으면 직접 가서 해결해 보겠다며 안심을 시켰다.

숙소에 부리나케 도착해서 생각나는 비밀번호를 모두 다시금 눌렀지만, 문은 여전히 열리지 않았다. 결국 열쇠 수리공에게 전화하니 도어락을 다 바꿔야 하며, 비용은 10만 원이나 든다고 하는 게 아닌가. 그런데 혹시나 하는 마음에 마지막으로 우리 집 호수를 눌렀더니 문이 활짝 열렸고, 나는 그 문소리를 듣자마자 다리에 힘이 풀려서 풀썩 주저앉고 말았다.

게스트에게 정말 미안한 마음이 들어 커피값은 물론이고 과자, 라면 같은 주전부리 서비스를 제공하고 에어컨까지 빵빵하게 틀어 놓고는 장문의 글을 남겼다. 그 뒤에도 계속해서 더 필요한 것이 없는지 물어보고, 여행과 관련해 문의 사항을 보내오면 즉각적으로 답변하는 등 최대한 도움을 줬다. 마지막 날 비록 웃는 낯으로 체크아웃을 하긴 했지만, 그럼에도 후기는 0점이려니 하고 체념하고 있었다.

그런데 이게 웬일인가. 내가 대신 지불했던 커피값은 그들이 묵었던 방의 책상 위에 그대로 놓여 있었고, 후기 또한 제일 높은 점수를 주었던 것이다. 지금도 그 게스트들을 생각하면 한없이 미안하고 고마운 생각뿐이다.

check 　　　　　비밀번호를 잊지 않는 간단한 팁

사례와 같이 숙소의 비밀번호를 매번 바꿀 경우 가끔은 혼선이 와서 게스트에게 잘못 알려 주게 되는 일이 있다. 이러한 일이 생기면 매우 당황할 수밖에 없다.

그렇다고 비밀번호를 바꾸지 않으면 도난 등의 큰일이 일어날 수도 있으니 번거롭더라도 매번 비밀번호를 바꾸는 것이 좋다.

그렇다면 매번 바꾸는 비밀번호를 잊어버리지 않기 위해서는 어떻게 해야 할까.

간단한 팁을 주자면, 예를 들어 105호에 10월 20일에 체크인하는 게스트에게는 아래와 같은 방법으로 비밀번호를 알려 준다. 그러면 입실한 게스트의 체크인 날짜를 확인할 수 있음은 물론, 안전 문제도 해결할 수 있을 것이다.

액티브 시니어 및 해외 이민자

젊은 사람들이 대다수였던 에어비앤비 호스트에 '액티브 시니어 Active Senior'라 불리는 50~60대의 장년층 유입이 빠르게 증가하고 있다. 이런 50~60대의 시니어들은 주로 자녀들이 출가하고 나서 생긴 빈방을 이용해 호스트를 하는 경우가 많다.

액티브 시니어들을 위한 에어비앤비 호스팅은 매우 긍정적으로 평가된다. 우리나라처럼 국가적인 노후 보장이 부족한 나라에서 시니어층의 에어비앤비 호스팅은 생활비를 충당하거나 노후 자금을 마련하는 매우 훌륭한 직업이 될 수 있기 때문이다. 게다가 노년기 우울증은 한국 사회에서 심각한 문제로 대두되고 있는데, 몸을 부지런히 움직이고 다양한 사람들을 만나는 에어비앤비 호스팅이야말로 노년기 우울증을 타파하는 훌륭한 방안의 하나가 될 수 있다.

또한 요즈음에는 빡빡한 생활에 염증을 느낀 나머지 일찍 직장에서 퇴직하고 제2의 인생을 우리나라보다 물가가 싼 베트남, 태국, 필리핀 등 동남아시아 국가에서 시작하는 경우가 많다. 이때도 숙련된 기술이나 전문 지식이 필요하지 않은 호스트를 해 보는 것이 좋은 선택이라고 생각한다.

사례 10
노년에 아프면 큰돈 들어간다

부천의 줌마하우스

내가 에어비앤비 호스트가 되다니

몇 년 전까지만 해도 남편은 아직 직장에 다니고 있었고, 자녀들 또한 직장에 잘 다니고 있었다. 더군다나 젊어서 아끼고 아껴서 내 집 마련에도 성공했기에 별다른 노후 걱정이 없었다. 그런데 어느 날 갑자기 딸아이가 집에 위기감(?)을 불러왔다.

엄마, 아빠는 100세 시대를 맞아 노후에 무엇을 할 것이냐며 물어본 것이었다. 그러면서 "아무 일도 안 하면 손자들 용돈도 못 줘서 미움을 받는다, 더군다나 노년에 아프면 큰돈이 들어가야 하는데 그것에 대비하고 살아야 한다"며 우리 내외에게 부업을 해야 한다고 했다.

집안일도 열심히 하고 꽃도 키우면서 나만의 시간을 잘 보내고 있다고 생각했는데, 이 말을 들으니 왠지 딸내미가 나보다 훨씬 더 집안의 미래를 걱정하는 것 같았다.

딸은 말끝에 결국 엄마, 아빠의 부업으로 빈집을 외국인 관광객에게 빌려주는 게스트하우스를 하자고 하였다. '우릴 위한 건지, 자기가 하고 싶은 건지…….' 이때까지만 해도 딸의 속셈이 뭔지 몰랐기에 오만 가지 생각이 다 들었다. 다만, 수익도 되고 삶의 활력도 된다는 말에 호기심이 생기긴 하였다.

부천에 외국인 관광객이 오겠어?!

딸이 쉬는 날, 같은 계 모임 친구가 하는 공인중개사 사무실에 들러 게스트하우스를 할 만한 집을 찾아보았다. 부동산 중개업을 하는 친구라 에어비앤비를 아는지 딸의 말에 이런저런 호의를 보였으나 부천 지역에 외국인이 오겠느냐며 걱정도 하였다.

어쨌든 월세로도 운영할 수 있다는 딸의 말에 금전적 부담은 조금 내려놓고 월세 물건들을 열심히 알아보았으나 쉽지 않았다. 대부분의 집주인이 외국인이 온다는 것을 꺼렸으며, 관광지도 아닌 부천에 무슨 게스트하우스냐며 의아해하였다. 특히 당시는 중국 조선족과 관련된 사건 사고가 잦았던 터라 그에 대한 걱정을 하는 집주인도 있었다. 그러다가 마침내 공인중개사 친구의 도움을 받아 서울에 사는 어르신이 보유한 방 2개짜리 집을 보증금 2,000만 원, 월세 40만 원에 계약할 수 있었다.

집주인은 월세만 받으면 된다는 입장이었기에 서울에서도 게스트하우스를 운영하는 친구들이 많다며 흔쾌히 방을 내주었다. 부동산 중개업을 하는 친구가 있다는 게 행운이었는지 단박에 이런 집주인을 만난 게 행운이었는지 모르지만, 하여튼 운 좋게 좋은 집을 계약하게 되었다.

동업자인 딸과 사사건건 충돌

호스팅할 집을 계약하고 나면 순조롭게 진행될 거라는 예상과는 달리 인테리어를 꾸미기 시작하자 번번이 딸과 충돌이 일어났다. 내 입장에서는 집에 있는 꽃무늬 이불이나 온돌을 활용해서 외국인들에게 한국적인 이미지를 보여 주고 싶었지만, 딸은 한국 아줌마들만 꽃무늬를 좋아한다고 했다. 결국 큰 방은 침대 방으로, 나머지 작은 방은 한국식으로 이불을 깔아 운영하기로 절충했다.

그러다가 이불을 깔아 운영하는 방은 게스트들이 이용하기에 불편하다는 의견이 많아져서 그 방에도 침대를 들여놓게 되었다. 그때는 살짝 자존심이 상했으나 한편으로는 외국인 관광객들이 원하는 인테리어를 알고 있는 딸이 대견하게 보였다.

그래도 딸아! 침대가 있는 방에도 꽃무늬 이불을 가져다 놓으면 예쁘다며 거기서 자겠다는 게스트도 많고, 다들 좋아한다는 것을 좀 알아주렴.

누가 부천의 게스트하우스를 생각했을까

'부천에도 외국인 관광객이 오긴 할까?'라고 생각했던 나의 걱정은 기우였다. 주변 숙소보다 상태가 좋은 우리 집은 매달 20일 이상씩 예약이 들어왔고 문의 또한 심심치 않게 왔다.

부천에 반도체 공장과 공단이 있어서 그런지 기자재를 고치러 외국인 엔지니어들이 가끔 왔고, 친구들을 만나러 오거나 면접을 보는 동남아시아 사람들도 게스트로 머물렀다 가곤 했다.

부천에서 이런 게스트하우스 운영이 가능한 이유는 저렴한 월세 덕이 큰 것 같다. 월세가 서울보다 비싸지 않다 보니, 부담이 적으면서도 월세 대비 수익이 높게 나오는 듯하다.

매달 50만 원 정도가 월세 및 공과금으로 지출되며, 매출은 150만~200만 원가량 나온다. 그러면 순수익은 100만~150만 원가량이 되고, 우리 집의 경우 체크아웃 시 청소비 2만 원을 납부하는 규정이 있어서 부가적인 용돈도 짭짤하다.

지금은 딸아이의 이름으로 2호점도 시작해서 남부럽지 않은 게스트하우스 체인점의 사장이 된 기분이다.

나와 딸은 공동 호스트

게스트의 메시지는 딸아이가 확인했다. 어학연수를 다녀온 적이 있는 딸이 영어로 문의가 오면 답을 하고, 나는 게스트를 안내하는 역할을 하였다.

딸과 함께 관리하기 때문에 청소에 대한 부담은 크게 없었으나, 외국인들이 영어로 질문하는 것에 스트레스를 많이 받았다. 그러다가 영어를 잘 모르는 아시아인 게스트들이 오게 되면서 단어 하나하나를 설명해 주다 보니 자연스레 게스트들과 마주하는 것이 편해졌다. 나중에는 영어로 이야기하는 것이 너무 재미있어서 대화가 끝난 후에 생각나지 않았던 단어를 인터넷으로 찾아보는 등 영어 배우기에 푹 빠지기도 하였다. 최근에는 딸아이가 바쁘면 자동으로 해석해 주는 구글 번역기의 도움을 받아서 내가 직접 메시지에 답을 하기도 한다.

딸과 같이 호스트를 하니 확실히 게스트들을 응대하는 시간이 줄었다. 딸과 공동으로 호스트를 하면 의견 충돌이 일어나서 싸울 일이 생기기도 하지만, 공통된 이야깃거리가 많아서 오히려 사이가 돈독해지기도 한다.

호스팅은 독보적인 매력을 지닌 사업

호스팅이 항상 호황이었던 것은 아니다. 연말과 여름 시즌은 성수기이지만, 애매한 날씨의 비성수기도 있었다. 특히 처음 맞닥뜨린 위기는 우리나라에 메르스가 창궐하였을 때다.

숙소는 매일 파리를 날렸고 '도대체 이놈의 메르스는 언제 끝나나?' 하며 월세 걱정과 불안감에 잠을 이루지 못하였다. 그나마 월세 정도의 비용은 벌어들였으나 고생한 것에 비해 수익이 적다 보니 이것을 계속해야 하나 고민이었다.

다행히도 메르스 사태가 종식된 다음 예약이 급증했으나, 호스트를 준비 중인 사람이라면 호스팅이 관광 경기나 사회 이슈를 타는 사업이란

> 것을 알아야 한다. 치킨집도 조류 독감이 발생하면 매출에 상당한 영향을 미치듯이 호스팅이라는 자영업도 이슈와 경기를 피할 수 없다는 것을 항상 염두에 두고 임해야 한다는 것이다.
>
> 다만, 호스팅은 다른 사업과 비교해 볼 때 자유 시간을 충분히 누릴 수 있다는 독보적인 매력을 지녔다고 생각한다.

사례 11

우울증을 앓던 아내가 달라졌다

상암의 Jason's House

월급쟁이의 최종 목적지 대기업 그리고 퇴직

나는 중소기업을 다니면서도 쉬지 않고 공부하며 취업 사이트를 드나들었다. 그 덕에 40대 초반에 드디어 국내에서 손꼽히는 대기업으로의 이직에 성공했다.

역시나 대기업은 중소기업과 달리 자녀 학자금과 의료비 등의 복지 체계가 잘 갖추어져 있었고, 월급 역시 풍족했다. 업무 강도는 무척이나 셌지만, 나는 이 기업에서 퇴직할 때까지 무조건 참고 버티리라 생각했다.

회사에 다니며 아들과 딸을 결혼까지 시키고 나니 더 이상 교육비나 결혼 비용에 대한 부담이 없었다. 모든 것이 순조롭고 행복해 보이기만 했다. 그러나 회사가 침체에 빠지면서 나에게도 위기가 닥쳤다. 퇴직의 순간이 찾아온 것이다.

순식간에 진행된 퇴직 절차는 끔찍하기만 했다. 나를 무기력하고 우울하게 만들었다. 그리고 준비되지 못한 노후로 인해 우리 부부의 모든 것이 불안해졌다.

나는 아직도 젊고 힘이 있다고 생각했다

퇴직 후 50대를 맞이했다. 아내와 여행을 떠나 "새로이 직장을 구하고 노후를 준비하며 살아 보자" 하고 희망찬 이야기를 나누면서 파이팅을 외쳤지만, 마음 한편에 납이 달린 것처럼 무겁기만 하였다. 그래도 그때까지는 재취업의 희망이 있었다.

여행에서 돌아오자마자 직장을 알아보기 시작했다. 예전에 같이 일했던 동료들과 맥주도 한잔하며 현황도 알아보고 자리도 알아보았으나 모두 나와 비슷한 걱정만 할 뿐 뚜렷한 길이 보이지 않았다. 수많은 구직 사이트를 찾아보았으나 50대는 공고도 없고, 이력서를 보내도 연락이 없었다. 여러 기업의 서류 심사에서 탈락하며 힘은 점차 빠지고 갑자기 더 늙어 간다는 생각이 들기 시작했다. '이제 희망은 없는 것인가?' 하는 좌절감이 몰려와 마음을 옥죄는 날들이 계속되었다.

집안에 우울함이라는 괴물이 나타났다

내가 일자리를 찾지 못하면서 집에 머무르는 시간이 많아지자 집안에 불안감이 쌓이기 시작했다. 우리 부부는 아무 일도 아니라고 생각했지만 둘이 함께 낮에 돌아다니는 것이 신경 쓰이기 시작했다. 마주치는 사람마다 우리를 바라보는 것 같았고, 우리 이야기를 하는 것만 같았다. 무엇보다 걱정은 아내였다.

자식들이 출가해서 노후 걱정을 덜었다고 생각했으나 집에 활기가 없어지면서 아내는 침울해졌다. 주변 사람들의 반응에 예민해지는 등 우울한 증상을 보이기 시작했다. 그래서 큰 집을 처분하고 작은 집으로 이사를 가자고 했다. 집을 팔고 남은 금액은 노후 자금으로 쓰면 될 것 같았다. 하지만 아내는 오랫동안 살아왔던 정든 동네와 집을 떠나고 싶지 않다며 반대했다. 뚜렷한 해결책도 없이 우리는 표류하고 있었다.

칼국숫집에서 현 상황을 인정하기 시작하다

여느 때와 마찬가지로 습관처럼 직장을 알아보러 집을 나섰다가 점심 삼아 들렀던 칼국숫집에서 내 또래로 보이는 중년 남성 두 명이 대화 나누는 것을 엿듣게 되었다.

친구처럼 보이는 두 사람은 식사와 함께 반주를 기울이며 나처럼 재취업의 우울함을 이야기하고 있었다. 한 사람이 "월급 200만 원을 주는 직장이라도 구했으면 좋겠다"라고 말하니까 다른 사람이 술잔을 들이키며 "나이 50 넘어서 그렇게 잘나가는 사람이 어디 있어"라며 어이없다는 듯 대꾸했다.

이 말이 나의 머리를 쿵 때렸다. 그러고는 '그렇지. 이제 나는 취업하기 힘든 나이가 되었구나. 내가 그동안 그걸 인정하지 못했구나'라는 결론을 내리게 되었다.

아직은 시간이 있다, 미래를 창업하자!

앞의 일이 있은 후 나는 취업을 포기하고 창업에 대해 알아보기 시작했다. 그런데 회사에서 배운 첨단 기술은 회사 밖에서는 별로 도움이 되지 않았다. 그래서 기술 창업보다는 카페, 식당, 치킨집 등 소규모의 자영업 창업 위주로 알아보았다. 하지만 대부분 창업 자금이 2억~3억 원은 기본이었고, 무엇보다 전망이 좋아 보이지 않았다. 이미 내 또래의 몇몇 친구들이 가게를 오픈했다가 매출이 만족스럽지 않아서 금방 매물로 내놓은 사례를 많이 보았기 때문이다. 나는 고민과 공부를 거듭하며 소자본 창업이 가능한 사업을 찾았다.

그러던 중 우연히 '외국인 관광 도시민박업' 관련 세미나에 참석하게 되었다. 세미나에서 '소자본으로도 게스트하우스 창업이 가능하다'는 이야기를 듣고 다시금 곰곰이 생각해 보니 우리 집에 비어 있는 방 2개를 이용하면 정말 적은 금액으로도 당장 창업이 가능해 보였다. 좀 더 알아보니 위험 부담이 될 만큼의 창업 자금도 필요 없거니와 내 집을 이용하면 평생 할 수 있는 일이 될 수 있을 것 같다는 생각이 들었다.

떨리는 그 순간 첫 예약!

아내에게 에어비앤비 호스팅에 관한 계획을 이야기하며 일을 시작해 보고자 했다. 하지만 아내는 늙은이 둘이 사는 집에 누가 오겠냐고 부정적으로 반응하면서 관심을 보이지 않았다. 그렇다고 여기서 주저앉을 수는 없었다. 나는 계속해서 아내를 설득했고, 마침내 아내 또한 마음을 돌려서 집 꾸미기에 동참하기로 했다.

일단 집 여기저기 어지럽게 놓여 있던 화분들을 베란다로 옮겨 정리했고 자식들이 출가한 빈방 2개에 새 베개와 이불 커버, 침대 커버를 사서 깨끗하게 꾸몄다. 자식들이 사용하던 침대가 있어서 새 침구를 사는 것 말고는 별다른 비용이 들지 않았기에 100만 원 이하로 인테리어를 해결할 수 있었다.

집을 정리하고 나서 아들을 불러 사진을 찍은 다음 에어비앤비에 숙소 등록을 마쳤다. 그리고 숙소를 등록한 지 하루 만에 예약이 들어왔다며 에어비앤비에서 문자가 왔다. 인도네시아의 여자 게스트가 약 400달러에 일주일간 예약을 한 것이었다. 금방 예약이 됐다는 것이 너무나도 신기해서 아들에게 정말 예약된 것이 맞냐고 몇 번이나 물어보고, 아내와 함께 예약한 외국인 게스트의 사진을 수도 없이 보았다. 그날은 너무나도 흥분해서 아내와 하루 종일 기분 좋게 많은 대화를 했다.

첫 게스트를 맞이하며

첫 예약은 인도네시아 게스트였지만 한참 뒤에 숙박할 예정이었다. 그 사이에 새로운 예약이 들어와서 일주일 후에 캐나다의 말콤Malcom이란 건장한 남자가 캐리어를 끌고 집에 도착하였다.

긴장된 마음으로 간단하게 영어로 인사를 나누고, 짐을 정리하기 위해 방에 들어갔던 게스트가 다시 거실로 나오자 아내와 나는 준비한 차와 과자를 내밀며 대화를 시도했다. 어설픈 영어였지만 단어를 하나하나 말하면서 대화를 이어 갔고, 그가 출장을 왔다는 사실을 알게 되었다. 그때 '내가 사는 상암동에는 많은 회사와 방송국이 있었지'라는 걸 새삼 깨달았다.

말콤은 캐나다 국기에 그려진 단풍잎 모양의 메이플 쿠키를 아내에게 선물했고, 쿠키를 맛본 아내는 무척이나 좋아했다. 말콤은 일주일 동안 아침 일찍 나가서 저녁에 들어오는 생활을 반복하며 아주 조용하게 머물다가 아내가 선물한 유과 과자를 들고 캐나다로 무사히 돌아갔다.

말콤이 다녀간 후 에어비앤비가 내 통장으로 입금한 30여만 원의 돈을 보면서 아내와 나는 너무나도 신이 났다. 수년 만에 통장으로 우리가 번 돈이 입금되었기 때문이다. 오랜만에 들어온 월급(?)으로 인해 우리는 조금씩 자신감이 생기기 시작했으며, 아내는 갑자기 영어 공부를 한다며 들떴다. 아내와 나는 오랜만에 기분 좋게 식사하며 많은 이야기를 나누었다.

아이돌 팬클럽 하우스

처음에는 생각지도 못했던 방송국의 영향이 컸다. 다양한 외국인 여행객이 올 것이라 생각했던 것과는 달리 케이팝 팬들이 우리 숙소를 다녀가는 경우가 훨씬 많았다. 이들은 새벽부터, 혹은 아침에 아내가 차려주는 간단한 식사를 하자마자 아이돌 스타들을 보러 나간다. 어느 날은 택시를 빌려서 하루 종일 아이돌 그룹을 따라다닌다는 이야기를 들었는데, 어떻게 저런 정보를 다 알아보고 오는지 신기하기만 했다.

케이팝 팬들은 얼마나 활기찬지, 좋아하는 아이돌이 TV에 나오면 춤도 따라 추면서 다른 외국인 게스트들에게 즐거움을 주기도 했다. 상암동의 방송국이 이러한 영향을 끼칠 줄은 생각지도 못했다.

자식들의 출가로 비어 있던 방 2개는 이렇게 여러 나라의 게스트들이 수시로 번갈아 가며 채워 주었다.

삶의 활력을 얻다

많은 게스트가 머물다 가면서 우리 집은 점차 생기가 돌았고, 아내와 나 또한 월 200만 원 이상의 수익에 심리적으로 안정감을 찾아갔다. 어떨 때는 '칼국숫집에서 들었던 월 200만 원을 버는 사람을 넘어, 300만 원 이상을 벌기도 하는 아주 잘나가는 사람이 되었나' 하는 생각도 들기도 했다.

기존에 있던 집을 사용하며 우리가 먹던 것을 제공했기에 공과금이나 부식비 등은 큰 차이가 없었다. 물론 비수기에는 손님이 덜 오기도 했으나, 성수기에는 달력이 꽉 찰 정도로 정신없게 손님들이 밀어닥쳤다. 아내는 마치 우리 애들에게 하듯이 "차 조심해라" "밖에서는 잘 챙겨 먹고 다녀라" 등의 잔소리도 하며 조금씩 활기를 찾았다. 새로운 게스트가 왔다가 가면 새로운 일이 발생해 부부 사이에도 이야깃거리가 많이 생겼다. 그러다 보니 '얼마 전에 우울증에 걸렸던 사람이 맞나?' 할 정도로 아내는 많이 달라졌다.

퇴직 후 첫 진급, 슈퍼호스트

에어비앤비로 숙소를 운영한 지 몇 개월이 지나서 내가 슈퍼호스트가 된 것을 알게 되었다. 별것 아니라고 생각했으나, 마치 직장에서 승진한 것처럼 왠지 기분도 좋고 남들보다 한 단계 업그레이드된 듯해 어깨가 으쓱했다.

호스트는 내가 평생 스스로 운영 가능한 직장인지라 너무나도 맘이 편하다. 내 집과 노후 그리고 내 가족을 지켜 주는 평생 직업인 에어비앤비 호스트는 내 인생을 슈퍼로 만들어 준 소중한 기회다.

check　　　　　수익과 일의 즐거움을 동시에 잡다

호스트 Jason처럼 직장에서 은퇴한 액티브 시니어들은 초기에 굉장히 우울해하는 사례가 많다. 스스로 사회에서 소외되었다고 생각하는 것이다. 더군다나 자녀들이 출가하고 생긴 빈방들은 Jason의 어깨를 누르는 부담이 되었을 것이다.

그러나 각방을 쓰던 부부는 다시 방을 합치고 에어비앤비를 통해 빈방 3개를 호스팅하게 되면서 사이도 좋아지고, 수익 또한 매년 3,000만 원 이상 발생했다. 일하는 즐거움과 함께 수익까지 챙기면서 두 마리 토끼를 모두 잡은 것이다.

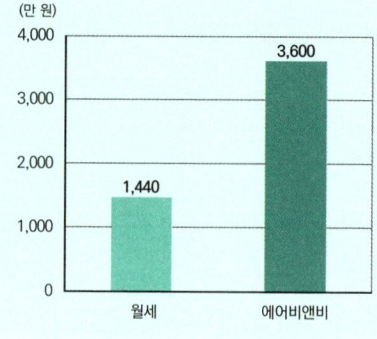

집 전체 월세와 빈방 3개 에어비앤비 연수익 비교

사례 12

나는 방콕의 한국인 호스트

태국의 Sean's 콘도미니엄

난 이미 지쳐 있었다

미국에서 학업을 마치고 직장을 구해 다시 한국으로 돌아왔다. 어려서부터 미국에서 학교를 다녔던 터라 한국에서의 생활은 새로운 시작이었다. 우선 사회에 적응하고 친구도 사귀기 위해 회사의 야근, 주말 출근, 회식 그리고 워크숍 등을 전부 빠지지 않고 참여했다. 당시에는 어딘가에 소속되어서 최선을 다하고자 하는 생각만 했다.

모두가 성실하다고 인정하고 위에서는 잘한다고 칭찬해 주었는데, 7년간 직장 생활에 몰두하다가 어느 날 정신을 차리고 보니 병원 천장이 보였다. 병원에 입원한 것이었다. 전날 새벽까지 이어진 동료들과의 회식으로 피곤함을 느껴서 점심을 먹고 잠깐 사무실에 엎드려 있다가 눈을 떴는데 갑자기 병원이라니, 어이가 없었다. 별것 아닌데 주변 사람들이 갑자기 병원에 입원시켜서 호들갑을 떤다고 생각했다. 병명은 과로와 스트레스였고, 정신과 치료가 이어졌다.

퇴원해서 회사에 복귀하니 사람들이 나를 갑자기 다르게 대하는 것 같았다. 나는 이렇게 무기력하게 무너지면 안 되겠다는 생각이 들었다.

사직서를 품에 넣고 다니다

그동안 내가 어떻게 살아왔는지 되돌아보았다. 한동안 멍하니 모니터를 바라보며 생각해 보니 한국에 돌아온 이후의 내 삶은 아무것도 없었던 것 같았다. 다른 팀원들에게는 모두 있는 대학 선배와 후배도 없었으며, 한국에서의 캠퍼스라이프와 동창, 그리고 추억 삼아 이야기하는 미팅 경험도 없었다. 무엇에 바빠서 그랬는지 취미도 없었고, 여행을 다녀본 기억도 없었다. 영화를 본 기억도, 드라마를 본 기억도 별로 없었다. '아, 내 자신을 스스로 지치게 했구나' 하는 생각이 들었다. 그러면서 이제는 나를 생각하며 살아야겠다는 마음이 들었다.

이후 한국에는 '사직서'라는 게 있다는 것을 알고 인터넷에서 사직서 양식을 다운받아 주머니에 넣고 다녔다. 그러고는 어느 날 결심을 하고 본부장에게 사직서를 제출했다.

팀에서는 난리가 났다. "사직서는 받지 않겠다" "다른 곳으로 이직하려는 것이냐?" "회사가 당신한테 부당하게 대해 준 것이 있느냐?" 하며 실랑이를 벌이다가 결국 6개월 휴직과 6개월 병가를 줄 테니 쉬다 오라고 했다. 장기 휴가를 기대한 바는 아니었지만, 그래도 쉬다가 돌아올 곳이 있다는 생각에 어느 정도 맘이 편안해졌다.

갑자기 떠난 여행 그리고 정착

막상 휴가가 주어지니 무엇을 할지 몰랐다. 평소 특별한 취미가 있었던 것도 아니고, 계획적으로 살아온 습관 탓에 즉흥적으로 뭔가를 해 보기도 어려웠다.

그러던 중 친구의 추천으로 인도에 다녀왔는데, 나와는 전혀 맞지 않는 곳이었다. 생활 방식도 그렇고, 먹는 음식도 전부 맞지 않았다. 그곳에서의 생활은 오히려 스트레스만 더 쌓이게 했다.

그런데 인도에 다녀온 후 왠지 생활에 활력이 돌았다. 좋지 않았던 기억도 지나고 나니 미화가 되었고, 사람들에게 이야기할 소재가 생긴 것이다. 무엇보다 일 생각이나 걱정거리가 아닌, 여행지에서 느낀 새로운 기억이 오랫동안 머릿속에 떠올랐다.

나는 다시 짐을 꾸려 중국, 러시아, 필리핀, 홍콩, 마카오, 레바논 등으로 여행을 다녔다. 낯선 지리와 새로운 음식들, 매일 달라지는 일상과 도전에 기분 좋은 스트레스만 받으며 생활했다.

그렇게 여행하며 돌아다니다가 도착한 태국. '여행자의 천국'이라는 방콕은 너무나도 자유로운 도시였다. 불교 국가인 태국은 나에게 심리적으로 안정감을 주었다. 순박하고 친절한 사람들과 여유로움이 좋았고, 음식까지 나와 너무 잘 맞았다. 나는 방콕이 내가 살 곳이라고 정해 버렸다.

너는 무슨 일을 하니?

당장 태국어 학원에 등록하고 학생 비자를 받았다. 그리고 시내 중심의 펜트하우스로 집을 구했다. 밤마다 멋진 레스토랑을 예약해서 식사를 했고, 가끔 최고급 클럽에 가서 음악과 춤 그리고 새로운 만남을 즐겼다. 마치 여태까지 고생하며 일했던 것을 보상받으려는 것처럼 호화로운 생활을 즐겼다.

그러다가 한 태국 여대생을 만나서 사랑에 빠졌다. 매일같이 여자친구가 학교 끝날 시간이 되면 데리러 가서 데이트도 즐기고 맛있는 것도 먹으며 미래의 걱정이 없는 듯이 둘만의 시간을 보냈다.

그러던 어느 날 여자친구가 한국에는 언제 돌아가고, 한국에서는 무엇을 하는지 물었다. 일도 안 하면서 돈을 펑펑 쓰는 외국인 남자친구가 너무 불안해 보였다고 한다. 내가 솔직하게 이제는 돈도 없고 태국에서 일자리를 구해야 한다고 하니, 여자친구는 돈 없는 한국인은 처음 본다며 깔깔대고 웃었다. 그러고 나서 진지하게 이제 학교에서 자기가 돌아오기만을 기다리지 말고 무언가 할 일을 찾으라고 했다. 사실 뭘 해야 할지 모르기도 했지만, 태국에서 취업하려 해도 현지의 월급은 내 생활을 유지하기에는 턱없이 부족했다.

한국인 여행객을 대상으로 운영해 보자

한동안 뭘 할지 고민하며 지내다가 태국에는 한국인 여행객이 참 많다는 생각이 들었다. 그들이 가끔 아파트나 오피스텔 형태의 집을 빌려 생활하는 것도 보았다. 주로 '태사랑(www.thailove.net)' 등의 커뮤니티에서 정보를 얻는 것 같았다.

커뮤니티에 들어가 보았더니 태국에 거주하는 많은 한국인이 자신의 집을 단기로 빌려주고 있었다. 그래서 나도 오피스텔 형태의 집 세 채를 월세 6,000바트(약 20만 원)에 빌려서 1박당 900바트(약 3만 원)에 숙박을 제공한다고 각 여행자 커뮤니티에 홍보했다.

미국에 있는 커뮤니티에 홍보하니 오히려 한국에서 관광객이 많이 찾아와서 얼떨결에 인터넷 카페도 만들고 단체 채팅방도 만들었다. 그렇게 해서 매달 약 200만~250만 원 정도의 매출이 발생했다. '남의 집을 빌려서 단기 임대로 다시 빌려주는 일이 엄청나게 돈이 되는구나' 하는 생각이 들었다.

정신없는 콘도 운영

콘도를 운영하면서는 진짜 정신이 없었다. 한국 사람들이 도착하면 우선 체크인을 해야 하며, 체크아웃할 때는 보증금을 돌려주면서 계산도 하고 시설물을 확인하면서 청소도 해야 했기 때문이다. 바쁠 때는 여자친구와 같이 청소도 하고 집도 손봤다.

여자친구는 집을 임대해서 단기로 다시 빌려주는 일이 대졸 임금을 상회한다는 사실에 너무나 놀랐고, 나 역시 이러한 생활이 돈도 된다는 것이 너무나도 놀라웠다.

그러나 금전적인 이익에도 불구하고 제각기 다른 시간에 공항에 도착하는 한국인 관광객. 특히 비행기가 연착되어 새벽 2~3시에 오는 이들을 체크인·체크아웃 시키는 것이 너무 힘들었다. 이렇게 손님 응대와 청소만으로도 빠듯하다 보니 부족한 숙소 수를 늘려야겠다는 생각을 미처 하지 못했다.

이제는 규모 있는 비즈니스로 해 보자

콘도를 운영하면서 같이 운영한 인터넷 카페를 통해서도 굉장히 많은 예약이 들어왔다. 예약하려는 사람들에게 예약이 불가하다는 메시지를 자주 보내다 보니, 그제야 '이제 진짜 크게 운영해 보아야겠다'는 생각이 들었다.

방콕의 4개 BTS(지상철)와 MRT(지하철)를 중심으로 각 5개씩 집을 빌렸다. 콘도의 특성도 각각 달리해서 야경이 좋은 지역은 비싸더라도 펜트하우스를 몇 개 임대했고, 가족이 방문하기 좋은 지역에는 투룸 형태의 콘도를 오픈했다. 그리고 밤 문화를 즐기는 젊은 층을 위해서는 원룸 형태의 스튜디오를 운영했다. 이렇게 콘도의 특색을 달리해서 운영하니 가족 단위부터 연인이나 친구 그리고 나 홀로 여행객까지 정말 다양한 방문객이 찾아왔다.

같은 형태의 콘도를 같은 지역에 여러 곳 운영하려고 했던 처음의 생각을 바꿔서 다양한 콘도를 운영한 것이 주효했다. 특히 전망이 좋은 펜트하우스 콘도는 공실이 발생하지 않을 정도로 많은 예약이 들어왔다. 수영장에 피트니스센터까지 있는 고급 펜트하우스는 호텔에 비해 가격이 저렴해서 예약이 많이 들어올 수밖에 없었다.

콘도 청소는 도우미들을 고용해서 진행했고, 나는 주로 카페를 운영하며 예약 관리와 체크인·체크아웃만 신경 썼다. 그리고 소소한 여행 정보와 현지 유명 맛집 등을 인터넷 카페에 올렸다.

이렇게 운영하며 매달 임대료는 약 18만 바트, 한화로 600만 원가량이 소요되었고 관리비는 200만~300만 원가량이 소요되었다. 전체 매출은 성수기와 비수기에 따라 다르지만, 50만 바트에서 80만 바트가량 되었다. 한화로 치면 약 1,600만 원에서 2,500만 원 정도였는데, 그럼 매달 평균 1,000만~1,500만 원가량이 순수익으로 남았다.

적지 않은 금액이 매달 들어와서 너무도 신나고 즐겁게 하루하루를 보내고 있었지만, 한편으로는 예약 관리와 새벽까지도 계속되는 체크인·체크아웃으로 점점 지쳐 가고 있었다.

쉽지 않은 콘도 운영

카페까지 운영하다 보니 정말 많은 사람이 들락날락했다. 현지인을 무시하며 왕처럼 대접받으려는 손님도 있었고, 난잡한 생활을 하며 사고를 치는 손님도 있었다. 한번은 손님이 현지 술집에서 사고를 쳐서 여자친구와 같이 새벽에 경찰서를 찾아가 데려온 적도 있었다. 그럼에도 그 손님은 다른 커뮤니티에 우리 콘도에 대해 최악의 리뷰를 남겼다. 게다가 보증금을 돌려주고 난 다음 파손된 물품이나 훔쳐 간 물품을 발견하는 일도 많았다. 액자와 식기부터 장식품까지 없어진 것도 다양하고, 받을 방법도 없었다.

그러던 와중에 태국에서 쿠데타가 일어나서 거리에 총을 든 군인들이 돌아다니고 불에 탄 자동차가 뒤집혀 있는 상황이 TV를 통해 방송됐다. 예약 취소가 줄을 이었다. 외국인 관광객의 이탈을 막기 위해 항공사들이 프로모션을 엄청나게 하는데도 매출은 반 토막으로 떨어졌다. 오히려 싸게 여행할 수 있는 기회라며 놀러 온 한국인 관광객들이 대단해 보이기까지 했다.

이 사건을 겪으면서 '커뮤니티를 통해서 한국인 관광객만 받는 건 위험할 수도 있겠구나'라는 생각이 들었다. 그전까지는 여러 가지로 일이 많이 생길까 봐 숙박 공유 플랫폼을 이용하지 않았다. 하지만 수많은 예약 취소를 경험하고 나서, 2014년에 나는 에어비앤비에 진입하게 되었다.

에어비앤비는 완전 신세계

에어비앤비를 통해 관광객을 받게 되면서 신세계를 경험했다. 직접 달력을 가져다 놓고 엑셀을 두드려 가며 공실을 확인하고 금액을 계산하던 것이 에어비앤비 사이트 내에 있는 달력으로 전부 해결되었다.

보증금을 받아서 계산하고 체크인·체크아웃할 때 손님을 만나야만 했던 불편함도 전부 사라졌다. 에어비앤비는 보증금 제도가 있어서 직접 보증금을 받을 필요가 없어진 만큼 전부 셀프 체크인으로 운영할 수 있었던 것이다.

이전에는 체크아웃 후 보증금을 돌려줘서 물품의 분실이나 파손에 대한 요금을 청구하지 못했는데, 에어비앤비에서는 관광객이 돌아가고 나서도 파손이나 분실에 대한 보상 청구가 가능했다. 게스트 관리가 합리적으로 이루어지다 보니 여유 시간까지 생겼다. 번거로운 엑셀과 수작업을 통한 계산을 에어비앤비 시스템에 전부 떠넘기고 정말 편리하게 숙소를 운영할 수 있었다.

무엇보다 좋은 점은 관광객의 국적이 다양해졌다는 것이다. 한국인 관광객 중에는 칭찬에 인색하고 왕처럼 대접받으려는 사람도 많았는데, 다양한 국적의 사람들이 그 자리를 채워 주었다. 또한 머물렀던 게스트들의 다양한 리뷰와 평가를 보는 것도 무척 좋았다.

그전에는 현금을 받아서 운영했는데 에어비앤비를 통해 숙박비가 계좌에 직접 들어오니 수익 관리 및 금전 관리도 더욱 쉬워졌다.

이렇게 콘도 관리와 운영이 편리해지면서 서비스에 더욱 신경 쓰게 되었다. 그 결과 내가 운영하는 콘도 중 하나가 에어비앤비로부터 파이브 스타 호스트 어워드The Five Star Host Award 상패를 받았다.

나는 지금 만족하는 삶일까

절반의 시간은 방황을 하고 나머지 절반은 콘도를 운영하면서 주어진 휴가 기간이 다 지나갔고, 나는 방콕에 남기로 결정했다. 무엇보다 미래도 없이 방황하던 상황 속에서 콘도를 운영하는 데 필요한 명의부터 계좌까지 빌려주며 많은 도움을 준 여자친구와 이 따스한 나라에서 함께하고자 하는 마음이 컸다. 나는 결국 회사에 퇴사한다는 이메일을 보냈다.

의외로 회사에서는 좋아 보인다며 별문제 없이 퇴사 절차를 진행해 주었고, 나는 잠깐 한국에 들러 나머지를 마무리 지은 후 다시 방콕으로 돌아왔다.

예전과 달리 방콕으로 다시 돌아오는 길은 매우 설렜다. 공항에 도착해서 출국 게이트를 나온 후 느껴지는 후덥지근한 날씨가 상쾌하기 그지없었다. 돌아온 다음 날 저녁, 현재는 아내가 된 여자친구와 식사를 같이하며 대학과 대학원을 졸업하면 결혼하기로 약속했다.

해외 이민을 결정하면서 나처럼 순조롭게 정착한 사람은 별로 없을 것이다. 한인 사회를 들여다보면 한식당을 열었다가 크게 망하거나 여행사를 시작했다가 빠르게 폐업하는 일이 허다하다. 더군다나 외국인은 각종 법규를 지키면서 제반 사항을 준비하는 것도 쉽지 않다.

태국의 문화 중 아직 이해되지 않는 것도 많고, 의사소통도 100퍼센트 완벽하지 않아서 소외된다는 느낌이 들 때도 있다. 그러나 실적에 대한 압박과 어딘가에 소속되어 역할을 해야 한다는 부담감은 예전과 비교할 바가 아니기에 방콕의 호스트로서 나는 지금의 생활에 만족한다.

Chapter 3

호스팅 시작에 앞서 알아야 할 사항

합법과 불법 사이

초창기에 에어비앤비 호스트를 시작했던 사람들은 오피스텔에서도 운영하고 원룸에서도 운영하곤 했다. 에어비앤비의 본고장인 미국 샌프란시스코에서도 마찬가지로 집 안에 있는 방 하나를 내주거나 스튜디오 또는 집 전체를 빌려주는 등의 방식으로 운영했다.

이때만 해도 합법과 불법에 대한 명확한 기준이 없었기에 정부에서도 그에 대한 뚜렷한 대책을 세우지 못했으며, 따라서 규제도 많지 않았다.

그런데 시간이 지나면서 '에어비앤비를 통해서 숙박료를 받고 오피스텔을 빌려주는 것은 불법'이라는 판결이 잇따라 나왔다. 현행 「공중위생관리법」상 숙박시설업을 하려면 관할 구청에 신고해야 하는데 하지 않았고, 도시민박업 허가가 나지 않는 오피스텔에서 숙소를 운영했기 때문이다.

 check   **에어비앤비 오피스텔 판례**

> 서울중앙지법 형사23단독 허정룡 판사는 「공중위생관리법」 위반 혐의로 기소된 한 모 씨에게 벌금 70만 원을 선고했다(2015고정3215). 한 씨는 서울 중구의 한 오피스텔에서 숙박시설을 갖추고 2014년 4월부터 한 달간 에어비앤비로 예약한 외국인 관광객에게 1박에 10만 원 받고 숙박업을 한 혐의를 받고 있다.

간단히 말하자면 오피스텔은 숙박시설업 신고가 안 되는 건물이므로, 숙박시설업 신고 없이 에어비앤비 숙소를 운영하면 「공중위생관리법」 제20조에 따라 '2년 이하의 징역 또는 200만 원 이하의 벌금'에 처할 수 있다(2024년 기준). 게다가 서울시는 '서울스마트 불편신고' 앱, 서울시 누리집 '민생침해 범죄신고센터' 등 다양한 경로로 신고한 제보자에게 최대 2억 원까지 포상금을 지급한다. 이로 인해 불법 숙소를 예약한 후 신고해서 포상금을 받는 다양한 사례가 발생하고 있다.

관광경찰의 불법 오피스텔 수사 현장

출처: 일요신문

그런데 벌금보다 호스트들을 힘들게 하는 것은 불법 운영에 따른 정신적 압박감이다. 항상 관광경찰의 단속을 신경 써야 하고, 벌금이 나올 경우 수익률 하락 및 행정적 처분에 대한 스트레스가 적지 않다. 빠르게 발전하는 우버, 에어비앤비 등의 공유경제 서비스를 정책이 따라잡지 못하고 있는 것이 현실이다.

물론 에어비앤비를 통한 게스트하우스 운영은 도시민박업이라는 국가에서 정한 테두리 아래에서 관할 구청에 신고하고 허가받은 후 '한국의 가정문화 체험'이라는 취지에 맞게 운영되어야만 한다.

특히 에어비앤비는 2024년 10월부터 대한민국 숙박업 등록 체계에 따른 영업신고 정보와 영업신고증 제출을 의무화했다. 앞으로 적법한 영업신고를 마친 숙소만 에어비앤비 플랫폼을 이용할 수 있도록 시스템이 바뀔 예정이므로, 유예 기간인 2025년 10월 이후에는 오히려 합법적인 숙소가 경쟁력이 있을 가능성이 크다.

그러나 한편으로는 우버나 에어비앤비 같은 공유경제 플랫폼의 활성화를 위해서 이러한 제한된 규정과 법규를 개선할 필요가 있다고 생각한다.

호스팅을 위한
관련 법규 및 규정

치킨집을 시작하려고 해도 그에 따른 영업 절차를 알아야 하듯이, 합법적인 호스팅을 하려면 숙박시설업의 현황에 대해 반드시 알아야 한다. 외국인 및 내국인 관광객을 위한 숙박시설업을 정리해 보면 다음과 같다.

오른쪽 표에서 보는 것처럼 자신의 집을 이용해서 에어비앤비 호스트를 시작하고자 한다면 기존의 숙박업과는 다른 업종을 선택해야 한다. 즉 도시 지역에서 방 1~2개를 두고 에어비앤비 호스트를 합법적으로 운영하고자 한다면 외국인 관광 도시민박업과 한옥체험업에 해당할 것이고, 대부분의 에어비앤비 호스트는 그중에서도 외국인 관광 도시민박업에 해당할 것이다. 이 도시민박업을 합법적으로 운영하기 위해서는 한 가지 규제가 있는데, 호스트와 외국인들이 집을 홈스테이처럼 함께 공유해야 한다는 점이다.

숙박시설업에 따른 분류

	호텔업	관광객 이용시설업	관광 편의 시설업	농어촌 민박업	숙박업		기타 체험형 숙박시설
대상 업소	관광호텔, 가족호텔, 호스텔, 소형호텔	외국인 관광 도시 민박업	한옥 체험업	농어촌 민박업	일반 숙박업	생활형 숙박업	유스호스텔
					일반호텔, 모텔,여관, 여인숙	레지던스	
대상	내외국인	외국인	내외국인	내외국인	내외국인	내외국인	내외국인
특징	—	한국의 가정 문화 체험과 숙식 제공	한옥에서 전통문화 체험이 가능한 시설	농어촌소득 증가 목적으로 숙박, 취사 시설 등을 제공	호텔, 모텔 등 숙박업소	요리, 세탁 가능 장기 숙박 레지던스	개별 여행자 대상 숙박시설
사업장 규모 제한	X	연면적 230㎡ 미만	X	연면적 230㎡ 미만	X	X	X
관련 법률	관광 진흥법	관광 진흥법	관광 진흥법	농어촌 정비법	공중위생 관리법	공중위생 관리법	청소년활동 진흥법
소관	문화체육 관광부	문화체육 관광부	문화체육 관광부	농림축산 식품부	보건 복지부	보건 복지부	성평등 가족부

요즈음에는 자연과 함께 사는 삶을 꿈꾸며 귀농 또는 귀향하는 사람이 많은데, 이러한 사람들을 비롯해 농어촌 지역에서 생업을 이어 가면서 호스트를 하고자 한다면 농어촌민박업에 해당할 것이다. 펜션이라는 이름을 가져다 쓰는 사람 중 상당수 역시 농어촌민박업에 해당한다.

그리고 지금은 외국인 관광 도시민박업으로 사전 등록한 아파트나 주택에 한해 외국인을 대상으로만 호스트가 가능하지만, 내국인을 숙박시키는 경우가 빈번하게 발생하는 현실을 고려해서 1년 영업 일수를 120~180일로 제한하는 대신에 내국인과 외국인 모두를 대상으로 하는 '공유숙박업'을 정부 주도로 추진하고 있다.

이 공유숙박업은 현재 '공유숙박 실증특례'를 통해 임시적으로 내국인 180일 이내의 영업이 가능하다. 또한 케이팝 및 한류 문화 열풍에 따른 관광객의 증가로 인해 유관 기관 및 부서에서도 공유숙박업이 현실적으로 발전할 수 있도록 다양한 논의가 진행 중이다. 앞으로 본격적인 공유숙박업이 시행된다면 에어비앤비 호스트들에게도 많은 변화가 이루어질 것이라 생각한다.

외국인 관광 도시민박업 : 도시 지역에서 호스팅 시작하기

내 집을 활용해 서울, 부산, 대구 등의 도시 지역에서 에어비앤비 호스트를 시작하려면 외국인 관광 도시민박업 허가가 필요하다.

외국인 관광 도시민박업이란 도시 지역의 주민이 거주하고 있는 주택을 이용해 외국인 관광객에게 우리나라의 가정문화를 체험할 수 있도록 하는 것으로 2012년부터 시행되었다. 외국인 관광 도시민박업에 대한 구체적인 규정은 다음과 같다.

check   외국인 관광 도시민박업의 정의

「관광진흥법 시행령」 제2조 제1항 제3호 바목과 「국토의 계획 및 이용에 관

> 한 법률」 제6조 제1호에 따른 도시 지역(「농어촌정비법」에 따른 농어촌 지역 및 준
> 농어촌 지역은 제외한다)의 주민이 자신이 거주하고 있는 다음의 어느 하나에 해
> 당하는 주택을 이용하여 외국인 관광객에게 한국의 가정문화를 체험할 수 있
> 도록 적합한 시설을 갖추고 숙식 등을 제공(도시 지역에서 「도시재생 활성화 및 지
> 원에 관한 특별법」 제2조 제6호에 따른 도시재생 활성화 계획에 따라 같은 조 제9호에
> 따른 마을기업이 외국인 관광객에게 우선하여 숙식 등을 제공하면서, 외국인 관광객의
> 이용에 지장을 주지 아니하는 범위 내에서 해당 지역을 방문하는 내국인 관광객에게 그
> 지역의 특성화된 문화를 체험할 수 있도록 숙식 등을 제공하는 것을 포함한다)하는 업
>
> ① 「건축법 시행령」 별표 1 제1호 가목 또는 다목에 따른 단독주택 또는 다가
> 구주택
> ② 「건축법 시행령」 별표 1 제2호 가목, 나목 또는 다목에 따른 아파트, 연립
> 주택 또는 다세대주택

짧게 정의하자면 도시 지역에 사는 집주인이 자신의 집 일부를 외국인 관광객에게 빌려주고, 한국의 문화 체험과 숙식을 제공하는 게스트하우스를 운영해야 한다는 것이다.

외국인 관광객이 주요 대상이기에 내국인 관광객은 손님으로 받을 수 없다. 따라서 내국인을 대상으로 숙소를 운영하는 것은 도시민박업 규정에 맞지 않다. 또한 도심 지역에 집이 있다고 해서 무조건 도시민박을 신청할 수 있는 것도 아니다.

외국인 관광 도시민박업은 지역, 규모 및 시설 기준 등의 근거 법령에 기반한 지정 기준이 있다. 이 지정 기준의 내용은 다음과 같다.

외국인 관광 도시민박업 지정 기준

 도시민박 운영 희망 주택이 「국토의 계획 및 이용에 관한 법률」에 의한 도시 지역(농어촌 및 준농어촌 지역이 아닐 것)에 위치할 것

 건물의 연면적이 230㎡ 미만일 것(면적은 사업자가 실제 거주하는 곳(방)을 포함하며, 해당 거주자를 분리해서 일정 면적만을 대상으로 사업할 수 없음)

 해당 주택이 건축법에 따른 단독주택, 다가구주택, 아파트, 연립주택, 다세대주택 중 하나에 해당할 것(업무용 시설, 근린생활시설 등은 제외)

 공동주택의 경우 「공동주택관리규약」에 위반되는 사항이 없을 것

 외국어 서비스가 가능한 체계를 갖추고 있을 것(운영자 또는 함께 거주하는 세대원(가족 또는 동거인) 중 외국인 관광객에 대한 안내가 가능할 것)

 외국인에게 한국 가정문화를 체험하게 하기 위한 위생 상태를 갖추고 있을 것

 「소방시설 설치 유지 및 안전관리에 관한 법률 시행령」 제3조 및 별표1에 따른 소화기를 1개 이상 구비하고, 객실마다 단독 경보형 감지기를 설치할 것

 해당 주택이 건축물대장상 '위반 건축물'로 표시되지 아니한 상태여야 함

오피스텔은 건축법상 주택이 아닌 업무 시설로 분류되기에 도시민박업을 등록하지 못하며, 원룸 또한 거주 중인 주택에 한해 숙박 서비스를 제공하는 도시민박업 취지에 맞지 않아서 불법에 해당된다. 외국인 관광 도시민박업은 홈스테이처럼 호스트가 함께 거주해야 하며, 거실과 화장실 등을 같이 공유해서 사용해야 한다.

불법 운영 중인 게스트하우스에 관해서는 문화체육관광부, 보건복지부, 지방자치단체, 관광경찰 등 관계 기관이 지속적으로 단속을 실

시하고 있으므로 합법적 운영이 가능한 도시민박업 허가를 얻어 운영하는 것이 당연시된다.

합법적인 도시민박업 모식도

농어촌민박업: 농어촌 지역에서 호스팅 시작하기

최근 귀농이나 귀향을 하는 사람들이 많아지면서 농어촌 지역의 게스트하우스 운영을 염두에 둔 사람들이 많아지고 있다. 이에 따라 농어촌 지역에서 본업 이외의 부수입을 늘릴 목적으로 내 집을 활용해 펜션, 민박 등의 이름으로 운영하는 농어촌민박업이 성행하고 있다. 이러한 농어촌민박업의 법률상 개념을 알아보면 다음과 같다.

다음 규정들 이외에도 운영하는 숙소에 주민등록이 되어 있어야 하며, 실제로 거주해야 한다. 이 밖에도 오폐수 및 정화조에 관한 규정 등이 수시로 바뀌고 있으니 「농어촌정비법」 개정안을 참조해서 확인해야 한다.

농어촌민박업 지정 기준

 농어촌 지역의 읍·면·리에 해당할 것

 주택 연면적이 230㎡ 미만일 것(단, 「문화재보호법」 제2조 제2항에 따른 지정문화재로 지정된 주택의 경우 규모의 제한을 두지 않음)

 「화재 예방, 소방시설 설치 유지 및 안전관리에 관한 법률 시행령」 제3조에 따른 수동식 소화기를 1조 이상 구비하고, 객실마다 단독 경보형 감지기를 설치할 것(단, 객실 내 스프링클러 설비 등 단독 경보형 감지기를 대체할 시설이 설치된 경우는 제외)

조식을 제공하는 경우 다음과 같은 조식 제공 시설을 갖출 것(단, 아래의 요건 외에 필요한 조식 제공 시설 기준은 시장·군수·구청장이 따로 정할 수 있음)
- 음식 원재료의 보관을 위해 냉장고 등의 시설을 갖출 것
- 음식을 조리하는 경우에는 위생적으로 조리, 세척하는 시설을 갖출 것
- 주방에는 환기를 위한 시설을 갖출 것(다만 창문이 있거나 자연적으로 환기가 가능한 경우는 제외)
- 수돗물(「수도법」 제3조 제5호에 따른 수도 및 같은 조 제14호에 따른 소규모 급수시설에서 공급되는 물)이나 「먹는물관리법」 제5조에 따른 먹는 물의 수질 기준에 적합한 지하수 등을 공급할 수 있는 시설을 갖출 것

공유숙박업

집을 활용한 외국인 관광 도시민박업과 농어촌민박업 이외에 내외국인에 대한 관광산업 활성화와 규제 완화를 위해 2016년 2월 17일 무역투자진흥회의에서 '공유숙박업' 신설 등에 관한 내용을 발표한 바 있다. 공유숙박업이란 게 무엇인지 살펴보도록 하자.

 check — 공유숙박업의 정의

「지역전략산업 육성을 위한 규제프리존의 지정과 운영에 관한 특별법안」에 포함된 내용으로 규제프리존 내 도시 지역(「국토의 계획 및 이용에 관한 법률」 제6조 제1호에 따른 도시 지역을 말한다. 다만, 「국토의 계획 및 이용에 관한 법률 시행

> 령」 제30조 제1호 가목에 따른 전용주거지역은 제외한다)에서 자신이 거주하는 다음 각 호 중 어느 하나에 해당하는 연면적 230㎡ 미만의 주택을 이용하여 연간 120일 내에서 투숙객을 대상으로 숙식을 제공하는 업

공유숙박업을 짧게 정의하면, 1년에 120일 미만으로 내국인과 외국인 대상의 숙박 영업이 가능하도록 하는 것이다. 비어 있는 방이 아닌, 집 전체를 빌려주는 숙박이 가능하다는 점이 특징이다.

공유숙박업은 온라인 및 모바일 플랫폼을 통해 '숙박 공유 서비스'가 대도시·관광지를 중심으로 빠르게 확산되고 있는 데 비해, 국내의 규정이 그것을 따라가지 못하는 현실을 보완하고자 '숙박 공유 서비스'에 대한 법적 근거를 더욱 튼튼히 하고 지역경제 활성화를 촉진시키기 위해 새로이 마련된 규제 완화 정책이라고 생각하면 된다.

공유숙박업, 이것이 궁금하다

Q. 연간 영업 가능 일수가 왜 120일로 제한되어 있나?

A. 우선 기존 민박업 사업자, 여관, 모텔 등 경쟁 업체와의 이해관계 충돌의 문제가 있다. 그리고 집 전체를 빌려주는 숙박 제공이 늘어나게 되면 그만큼 임대 수요가 줄어들 우려가 있어서 주거 안정을 고려해 집 전체를 빌려주는 영업 일수를 제한하는 것이다. 미국 샌프란시스코는 90일, 독일 함부르크는 180일 정도로 영업 일수를 제한하고 있다.

그런데 우리나라의 공유숙박 및 전국의 외도민업(외국인 관광

도시민박업)은 위홈(www.wehome.me) 또는 미스터멘션(www.mrmention.co.kr)에 등록하면 365일 외국인 예약을 받을 수 있다. 또한 서울과 부산 지역은 규제샌드박스 실증특례에 따라 위홈 및 미스터멘션 공유숙박 특례 등록이 가능하다. 위홈이나 미스터멘션에 숙소 등록 후 특례 신청을 하면 심사를 거쳐서 실증특례 호스트로 지정되는데, 이때 타 플랫폼(예를 들면 에어비앤비)의 숙소 정보에 내국인 숙박이 합법이라는 사실을 알리는 공유숙박 특례 고지 내용을 추가하고 위홈이나 미스터멘션과 달력 연동이 완료되어야 한다. 공유숙박 특례 지정번호를 받는 순간부터 위홈과 미스터멘션뿐만 아니라 에어비앤비 등 어느 플랫폼에서든 내국인 게스트도 합법적으로 받을 수 있다(2025년 3월 1일부터 시행). 다만, 정부의 ICT 규제샌드박스 실증특례 조건에 따라 내국인 게스트는 180일 내에서 예약을 받을 수 있다.

그런 한편으로는 공유숙박업 영업 가능 일수의 120일 제한이 관광 활성화에 미치는 영향이 미미하다는 명목 아래 영업 일수를 180일로 확대하고, 기존 외국인만을 대상으로 하는 외국인 관광 도시민박업 역시 내국인과 외국인 전부 가능하게 하는 방안도 논의되고 있다.

※ 위홈과 미스터멘션은 대한민국 정부가 공인한 내외국인 합법 공유숙박 플랫폼이다. 'ICT 규제샌드박스 실증특례' 제도에 따라 위홈은 2020년부터, 미스터멘션은 2024년부터 실증특례 사업을 진행하고 있다.

Q. 「규제프리존 특별법」이란 무엇인가?

A. 「규제프리존 특별법」이란 신성장 산업 기반 조성과 지역경제 발전을 위해 지자체가 선정한 중점 육성 산업 분야의 규제를 과감하게 철폐함으로써 자유로운 기업 활동을 보장하는 제도를 말한다. 서울, 부산, 제주 등 여러 지역을 시범적으로 운영하고 추후 전국 도시 지역을 대상으로 하는 방안을 추진 중이라 한다.

 information 　　　　　　　　　　　**공유숙박업 최신 정보**

공유숙박업의 진척 현황은 아직도 여러 가지 방안으로 논의되고 있는 만큼 에어비앤비 호스트 카페인 쉐어&하우스 연구소(cafe.naver.com/imyouna)에서 최신 정보를 확인하는 게 좋다.

지금까지 외국인 관광 도시민박업, 농어촌민박업, 공유숙박업에 관해 정의하고 간단하게 설명했다. 이를 정리하면 다음과 같다.

도시민박업, 농어촌민박업, 공유숙박업 비교

	외국인 관광 도시민박업	농어촌민박업	공유숙박업
허용 지역	도시 지역	(준)농어촌 지역	도시 지역 (전용주거지역 제외, 다만 조례로 전용주거지역 및 (준)농어촌 지역 허용 가능)
이용자	외국인	내외국인	내외국인
연간 영업 가능 일수	365일(상시)	365일(상시)	120일
대상 주택	단독주택, 다가구주택, 아파트, 연립주택, 다세대주택	단독주택, 다가구주택, 아파트	단독주택, 다가구주택, 아파트, 연립주택, 다세대주택
규모 제한	230㎡ 미만(약 70평)	230㎡ 미만(약 70평)	230㎡ 미만(약 70평)

앞의 표에서 보다시피 외국인 관광 도시민박업과 공유숙박업은 공통적으로 230㎡ 미만의 단독주택, 다가구주택, 아파트, 연립주택, 다세대주택에서만 게스트하우스를 운영할 수 있다.

우리 집은 합법적인 에어비앤비 운영이 가능한가

앞서 외국인 관광 도시민박업, 한옥체험업 그리고 농어촌민박업의 규정에 대해 알아보았다. 이 중 대다수의 에어비앤비 호스트가 등록하고자 하는, 그리고 다양한 규제가 얽혀 있는 도시 지역에서 게스트하우스를 창업할 수 있는 외국인 관광 도시민박업에 집중해서 합법적인 운영 과정을 알아보도록 하자.

현재 정부에서 정한 외국인 관광 도시민박업 대상 숙소는 단독주택, 다가구주택, 아파트, 연립주택, 다세대주택으로 한정되어 있다. 따라서 에어비앤비 호스트가 되기 위해서는 외국인 관광 도시민박업을 신청하기 전에 우리 집은 어떠한 종류에 해당되며, 합법적인 운영이 가능한지 여부를 알아봐야 한다.

특히 최근에는 자신의 집이 아닌 월세로 타인의 집을 빌려서 외국인 관광 도시민박업을 하려는 사람도 많은데, 월세 계약을 하기 전에 호스트를 시작하려는 건물이 외국인 관광 도시민박업의 합법적인 신고가 가능한지도 필히 확인해야 한다.

외국인 관광 도시민박업의 합법적 운영이 가능하다고 규정된 건축물은 아래와 같다.

외국인 관광 도시민박업의 합법 및 불법 대상 건축물

합법	불법
단독주택, 아파트, 다가구주택, 연립주택, 다세대주택	도시형 생활주택 원룸, 원룸텔, 다중주택, 다가구주택 내 원룸, 불법 건축물(옥탑 등)

합법의 범주 안에 포함되는 건축물이라고 하더라도 불법 건축물은 외국인 관광 도시민박업 허가가 나지 않는다. 그러므로 허가를 받기 전 반드시 건축물의 불법 여부를 확인해야 한다.

불법 건축물 여부를 알아보려면 대법원 인터넷등기소(www.iros.go.kr)에서 등기부등본을 발급받아 불법 건축물 여부가 표시되어 있는지 확인해 보거나, 육안상으로 건축물 일부분 중 뚜렷하게 차이 나는 색상이 있는지 등을 확인하면 된다.

도시민박업 등록이 불가능한 불법 건축물

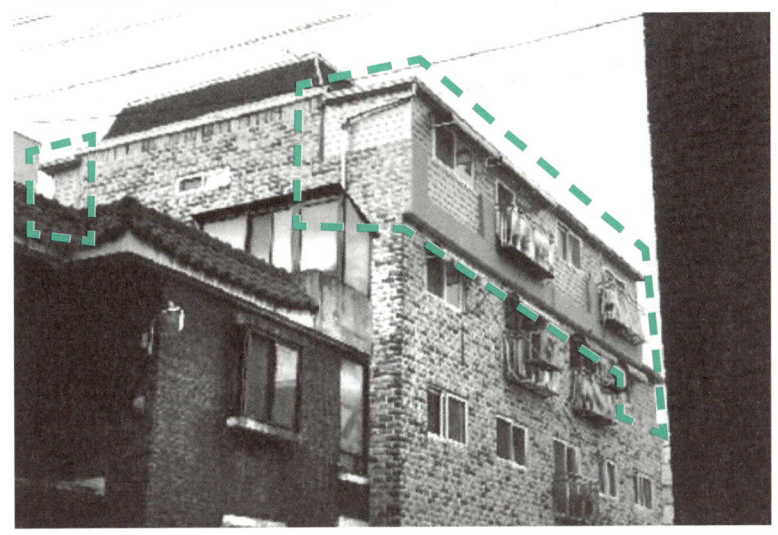

출처: 강서구청

우리나라 국민 대부분이 거주하는 주택은 크게 아래와 같이 분류된다.

주택 형태의 분류

　주택은 단독주택과 공동주택으로 나누어지는데, 다세대주택은 개별 분양이 가능한 공동주택으로 1개 동 바닥 면적의 합(연면적)이 660㎡ 이하인 4층 이하 주택을 가리킨다. 반면에 층수는 같지만 1개 동 연면적이 660㎡을 초과하면, 그 주택은 연립주택이 된다. 흔히 '빌라'라고 불리는 집들이다. 그리고 아파트는 공동주택 중 5개 층 이상인 주택이다.

　단독주택은 실제로 여러 세대가 거주하기도 하나, 보통은 1개의 주택에 1세대가 거주하는 것을 지칭한다. 상가주택은 상가와 1개의 세대 또는 여러 세대가 함께 거주하는 형태를 말한다. 즉 특정 층은 상가로, 특정 층은 주거로 분리되는 복합 건물이다.

　건축물 중 합법적인 도시민박업 운영이 가능한 것은 단독주택, 아파트, 다가구주택, 연립주택, 다세대주택이다.

그리고 일부 오피스텔 중에는 등기부등본상 아파트로 분류된 것이 있는데, 이러한 오피스텔 역시도 합법적으로 등록 및 운영이 가능하다. 특히 월세로, 또는 새로이 매물을 찾아서 시작하려는 호스트라면 주택 형태를 파악해서 합법적으로 외국인 관광 도시민박업 등록이 가능한지 꼭 확인해야 한다.

Chapter 4

창업
계획
수립

에어비앤비 호스팅에 관한 10문 10답

이번에는 에어비앤비 호스트를 시작하려는 사람들에게 도움이 될 만한 호스팅 지역 선정 및 매물 구하는 방법을 알아보자.

현재의 집을 사용하거나 자신이 호스팅하기를 원하는 집을 찾았으면 호스팅을 하는 이유와 목적, 그리고 관리 여력 등을 점검해야 한다. 아래의 10문 10답을 참고해서 스스로 그 답을 생각해 보자.

 check 　　　　　　　　　　　　　　　　　호스팅 10문 10답

1. 어느 지역에 호스팅을 하고자 하시나요? (지역)
2. 호스팅 방에 몇 명이 숙박할 수 있나요?

3. 현재 집·직장과 가까우며 관리하기에 쉬운 지역인가요?
4. 얼마의 금액이 필요하신가요? (보증금, 월세)
5. 얼마의 인테리어 비용을 예상하시나요? (벽지, 입주 청소비, 액자 등)
6. 필요한 가구 및 가전제품들은 어떻게 구비할 것이며, 또 가격은 어떻게 되나요? (TV, 탁자, 식탁 등)
7. 필요한 비품들은 무엇인가요?
8. 호스팅의 목적은 무엇인가요?
  (예를 들면 재테크, 새로운 만남, 게스트하우스 운영 등)
9. 호스팅 후 관리는 누가 하나요? (부모님, 아내, 대행업체 등)
10. 본업 또는 직장이 있는 경우 업무에 영향을 미치지 않을까요?

위의 호스트 10문 10답은 호스트 커뮤니티 '쉐어&하우스 연구소' 카페에 있으며, 글을 작성하면 먼저 호스트를 시작한 사람들로부터 다양한 조언을 받을 수 있다.

호스팅 지역 선정하기

　에어비앤비 호스트를 시작하는 사람들 중에는 자신의 집을 이용해서 호스팅을 하려는 사람도 있지만, 월세 또는 전세를 얻어서 운영하려는 직장인 및 전업 호스트도 있다. 만약 후자의 경우처럼 새로이 집을 구해 도심에서 게스트하우스를 운영하고자 한다면 먼저 지역을 선정해야 하는데, 이 경우 게스트의 입장에서 매물을 구해야 한다.

　일반적으로 외국인 관광객은 지하철역 주변을 선호한다. 만약 호스트가 해외로 여행을 간다고 하더라도 마찬가지로 역 주변을 선호할 것이다. 예를 들어 다음 그림처럼 쉐어하우스 #1과 #2의 숙박료가 같다면, 지하철역과의 거리가 도보 10초인 #1과 도보 5분인 #2 숙소 중에 관광객들은 어느 곳을 선호하겠는가?

실제 지하철역 바로 앞에 있는 #1 숙소의 후기를 한번 살펴보자.

이처럼 실제 역 앞에서 호스팅을 하고 있는 숙소의 후기를 보면, 위치에 대한 강점을 적은 후기가 많다. 외국인 관광객들은 에어비앤비 사이트에서 보이는 숙소 정보 이외에도 이미 다녀간 게스트들의 리뷰를 살펴보며 예약할 숙소를 결정할 것이다. 그러므로 위치 선정은 매우 중요하다.

꼭 중심지가 아니더라도 많은 외국인 게스트는 역 주변을 선호하니, 먼저 역 주변의 매물을 구해서 호스팅하는 것이 운영의 합리성이나 수익률 측면에서 더 유리할 것이다.

게스트하우스 매물 구하기

기존의 집에서 게스트하우스 창업을 하려는 사람이 아니라 새로이 매물을 구해서 창업을 하려 한다면 무작정 공인중개사 사무실에 방문하는 것보다는 먼저 주변에 어떤 매물이 있는지 확인하고 가면 헛걸음을 하지 않는다.

주변 매물을 확인해 보는 방법 중 하나로 '네이버페이 부동산(land.naver.com)'을 추천한다. 네이버페이 부동산에 접속하면 어느 지역에 있더라도 전국의 웬만한 부동산 매물에 관한 정보를 거의 다 확인할 수 있다.

네이버페이 부동산 메인 화면

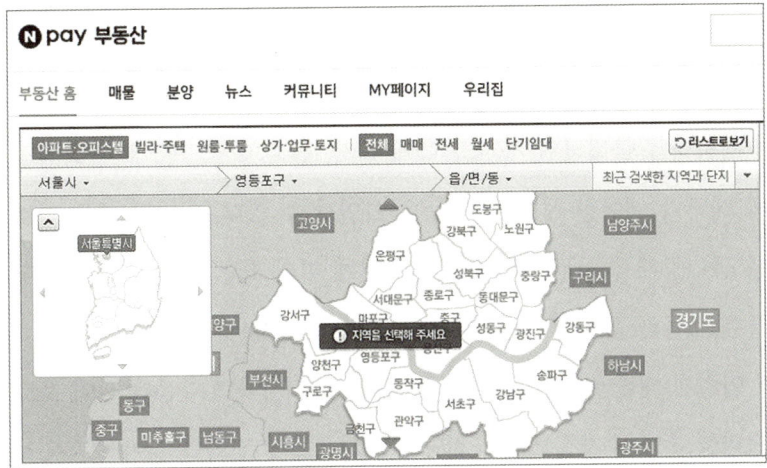

에어비앤비 호스트를 시작하고자 하는 지역의 주소를 입력한 뒤에 다음 ①, ②의 순서대로 정보를 확인한다.

부동산 정보 확인 방법

첫 번째로 아파트, 주택 등 외국인 관광 도시민박업을 신청하려는 매물을 선정한다. 두 번째로 매물 정보를 간략하게 확인한 다음, 공인중개사에 연락해서 매물의 상태를 더 정확하고 자세하게 확인한다.

매물명을 클릭하면 사진과 함께 면적, 건축 연도, 방 개수, 화장실 및 세탁기·에어컨 설치 여부 등을 확인할 수 있다. 이러한 매물 정보를 공인중개사 사무실을 방문하기 전에 미리 확인해 보면 어느 정도 좋은 매물과 좋지 않은 매물을 선별할 수 있는 눈이 생긴다.

이렇게 매물에 대한 정보 수집이 마무리되었다면 다음과 같이 표로 정리한 후에 순차적으로 공인중개사 사무실에 전화를 걸어서 약속을 잡고 방문한다. 그러면 헛걸음하지 않고, 시간도 절약할 수 있으며, 좋은 매물을 선택하게 될 확률도 높아진다.

매물 정보 목록 만들기 예시

순서	위치	비고	보증금 (만 원)	월세 (만 원)	업체명	전화번호
1	홍대입구역 3번 출구	방 2개, 화장실 1개	3,000	50	하나공인중개사	02-334-****
2	홍대입구역 7번 출구	방 2개, 화장실 1개	5,000	70	홍익공인중개사	02-323-****
3	신촌역 4번 출구	방 2개, 화장실 1개	5,000	100	새바람부동산	02-313-****
4	신촌역 2번 출구	방 2개, 화장실 1개	3,000	45	쉐어공인중개사	02-3144-****
5	이대역 1번 출구	방 6개, 화장실 2개	10,000	220	동보중개사	02-363-****

수익률 계산하기

호스트를 시작하면서 많은 사람이 간과하는 것 중 하나가 수익률이다. 호스트들 중에는 주변의 예약 상황과 수익률을 고려하지 않은 채 게스트하우스를 시작했다가 수익은 고사하고, 오히려 적자를 보는 사람도 있다. 에어비앤비 호스트로서 창업하는 것 또한 사업이므로 항상 입체적으로 정보를 파악하고 수익률을 따져 보아야 한다.

좀 더 쉽게 이해하도록 다음 지도에 원룸 숙소를 기준으로 보증금은 같고 월세가 다른 네 곳을 표시해 놓았다. 지도상에서 보았을 때는 당산역 1번 출구 앞의 #1 숙소 월세가 가장 싸기 때문에 #1 숙소가 가장 큰 수익률을 낼 것이라고 생각하기가 쉽다.

지도상에 표시한 오픈 예정인 숙소

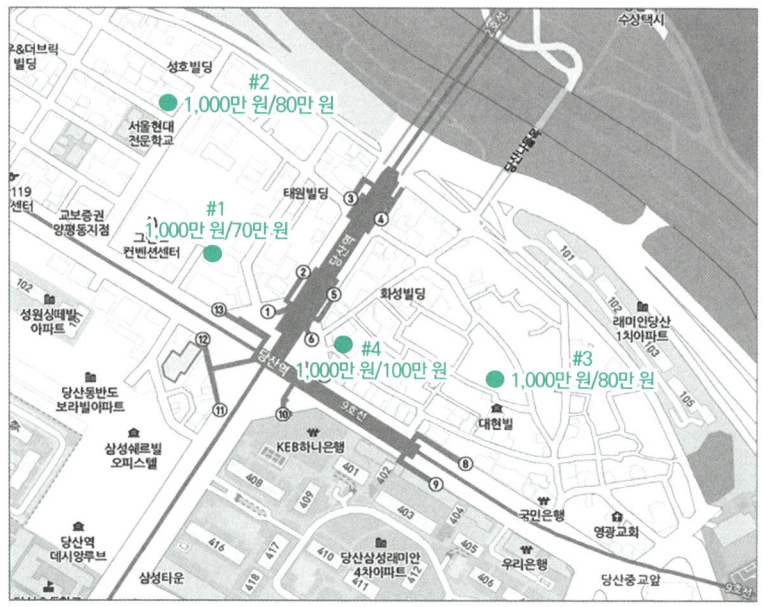

그런데 #1~#4의 숙박 요금은 아래와 같다. 이 숙박 요금을 바탕으로 월 수익과 순 수익을 비교해 보면 예상과 달리 월세가 싼 #1이 아닌 #4 숙소의 수익률이 가장 높다.

숙소의 숙박료 및 실제 수익 현황표

(단위: 만 원)

	#1	#2	#3	#4
보증금(만 원)	1,000	1,000	1,000	1,000
월세(만 원)	70	80	80	100
관리비(만 원)	10	8	10	10
투자금(월)	80	88	90	110
숙박 요금(만 원)	10	8	8	14
월 수익	200	160	160	280
월 순수익	120	72	70	170
수익률	150%	82%	78%	155%

표를 다음과 같이 그래프로 바꾸어 보면 각 숙소의 투자금과 수익금, 그리고 수익률을 한눈에 비교할 수 있다.

숙소의 숙박료 및 실제 수익 현황 그래프

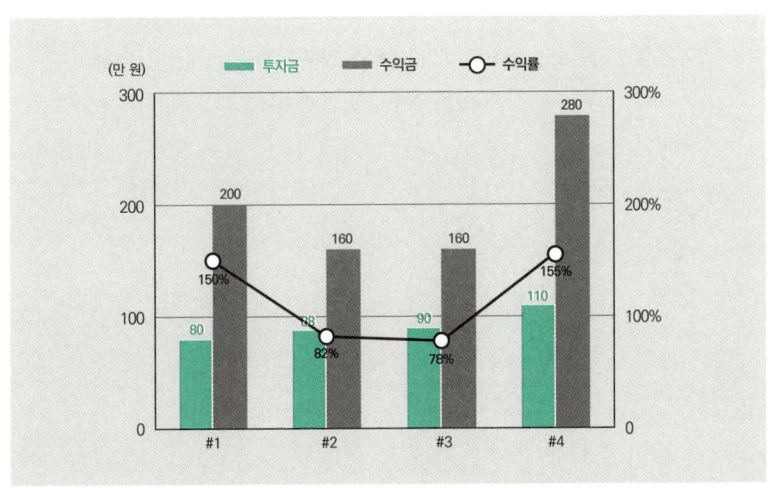

#4 숙소가 다른 숙소들보다 내부 구조나 시설이 좀 더 좋아서 숙박비를 비싸게 받는 것이라 생각할 수 있다. 에어비앤비를 시작하려는 지역의 월세가 싸다고 해서 함부로 계약하면 안 된다. 반드시 그 집의 상태와 위치 그리고 기타 시설 등을 잘 살펴보고 계약해야 한다.

#4 숙소의 경우 수익률만 높은 것이 아니라 수익금 280만 원 중에서 월세 100만 원과 관리비 10만 원을 빼면 170만 원이 순수익으로 남게 된다. 반면에 #1 숙소는 120만 원의 순수익이 남는다. 이로써 월세가 싸다고 해도 손에 쥐어지는 순수익이 반드시 많지는 않다는 것

을 알 수 있다. 그래서 월세 비용뿐만 아니라 내가 직접 가지고 가게 될 순수익도 계산해 보는 것이 중요하다.

 information   **수익률 계산 양식**

수익률을 계산하는 양식은 쉐어&하우스 연구소 카페의 '캐스퍼 칼럼(cafe. naver.com/imyouna/39839)'에 첨부되어 있으니 다운로드 받아서 사용하면 된다.

Chapter
5

외국인 관광 도시민박업 및 농어촌민박업 사업자 등록하기

외국인 관광 도시민박업 허가를 위한 준비

에어비앤비의 합법적 운영을 위해서는 숙박시설업 중에서도 가장 쉽게 허가받을 수 있는 외국인 관광 도시민박업을 신청해야 한다. 기본적으로 거주하고 있는 주택을 활용하되 불법 건축물 여부, 면적 확인, 소방 장비의 확인 등을 통해 충분히 허가받고 운영하는 것이 가능하다.

에어비앤비를 시작하려면 외국인 관광 도시민박업 신청을 하기 전 숙소에 소방 안전 세트를 마련해 놓아야 한다. 소화기를 비치하고 나서 피난 안내도와 손전등을 숙소 벽에 부착하면 된다. 그리고 비상출구의 표시는 문 위에 부착해야 한다.

외국인 관광 도시민박업 허가 시 구비해야 할 소방 안전 세트

손전등   소화기   비상출구   단독 경보형 감지기   피난 안내도

　기존 숙박시설업에 비해 외국인 관광 도시민박업은 소방 안전 세트가 매우 간단하다. 게스트하우스 오픈을 위한 준비가 아닐지라도, 내가 살아가는 집의 안전을 위해서도 마련해 놓으면 좋다. 소방 안전 세트까지 마련되면 외국인 관광 도시민박업 허가를 받을 준비가 된 것이다.

농어촌민박업 허가를 위한 준비

　농어촌민박업이란 도시 지역의 외국인 관광 도시민박업과 유사한 형태로, 읍·면 단위의 농어촌 지역을 대상으로 쉽게 숙박 사업을 할 수 있도록 해 주는 제도다.

　농어촌 소득 증가를 목적으로 관광객에게 숙박 및 취사 시설 등을 제공하고 부수익을 얻을 수 있게 하는 사업인데, 귀촌 또는 귀어해서 농어촌민박업을 시작하는 에어비앤비 호스트도 많이 생겨나고 있다.

　합법적으로 농어촌민박 업소를 운영하려면 도시민박 업소와 마찬가지로 불법 건축물 여부와 연면적을 확인해야 한다. 또한 농어촌민박업을 신청 및 시작하려는 숙소에 소방 안전 세트를 마련해야 한다.

각 숙소에 단독 경보형 감지기와 수동 소화기를 설치해야 하며, 주방에는 자동확산 소화기와 가스 누설 경보기를 설치해서 안전에 대비하도록 해야 한다.

지자체별로 소방 안전 세트에 대해서는 차이가 있을 수 있는데, 소액으로도 구매가 가능한 만큼 안전한 숙소 운영을 위해서는 모두 구비하는 것이 좋다.

농어촌민박업 허가 시 구비해야 할 소방 안전 세트

농어촌민박업 허가를 받을 때 가장 어려운 점 중 하나는 오수처리시설이다. 정화조는 집 아래에 시공되어 있는 사례가 허다하기 때문에 꼭 미리 오수처리시설을 확인해야 한다.

예를 들어 1,000ℓ의 정화조가 시공된 농어촌 지역의 주택을 매매하고 농어촌민박업 허가를 받기 위해 알아보니 2,000ℓ의 정화조가 필요한 상황이 벌어질 수 있다. 이런 경우 정화조를 증축하려 해도 건물 아래에 시공되어 있으면, 결국 집 전체를 들어내는 공사를 해야 한다.

환경부 위생 절차에 따른 오수처리시설에 대한 허가 기준은 다음과 같다.

오수처리시설 허가 기준

하수처리구역 내	하수처리구역 외
• 정화조 설치로 대체 • 정화조 필요 용량(인원단위) = 연면적×0.14 • 초과 범위에 따라 '정화조 청소 이행 서약서'로 대체 가능하며 하수처리구역 내의 허용 초과 범위는 최대 200% **정화조 청소 이행 서약서** • 기존 연 1회의 정화조 청소를 초과 범위 150% 이하일 시 9개월마다 청소 • 기존 연 1회의 정화조 청소를 초과 범위 200% 이하일 시 6개월마다 청소	• 필요 용량의 오수처리시설 설치 • 오수처리시설 용량 = 연면적×35ℓ • 초과 범위에 따라 '정화조 청소 이행 서약서'로 대체 가능하며 하수처리구역 밖의 허용 초과 범위는 최대 120% **정화조 청소 이행 서약서** • 기존 연 1회의 정화조 청소를 초과 범위 120% 이하일 시 6개월마다 청소

예를 들어 하수처리구역 외 지역에 위치한 연면적 120㎡ 농가주택의 오수처리시설 용량을 계산하면 다음과 같다.

$$연면적\ 120㎡ \times 35ℓ = 용량\ 4{,}200ℓ$$

약 120㎡ 농가주택의 경우 4,200ℓ, 즉 4톤이 넘는 오수처리시설을 설치해야 한다.

물론 필요 정화조 용량의 초과 범위가 일정 범위 내라면 정화조 청소를 자주 하겠다는 신고로 대체가 가능하다.

예를 들어 2,000ℓ의 정화조가 필요한 농어촌민박업 건축물에 1,000ℓ의 정화조가 매립되어 있다면, 6개월에 한 번씩 청소하겠다는 '정화조 청소 이행 서약서'를 작성하면 추가적인 정화조 증설 없이 농어촌민박업의 운영이 가능하다는 것이다.

면적과 하수처리구역 여부, 세탁 및 주방 시설, 음식점 여부 등에 따라서도 오수처리시설에 대한 산정 기준이 달라지니 스스로 계산하기보다는 주택 매입 전 또는 시공 전에 미리 확인하도록 한다. 특히 농어촌 지역의 환경에 따라 하수처리에 대한 환경부의 허가 기준은 수시로 바뀌고 있으니 농어촌민박업을 시작하기 전 해당 시·군청의 환경과에 연락해서 확인하는 것이 좋다.

등록 신청 절차 및 방법

외국인 관광 도시민박업의 등록 절차

외국인 관광 도시민박업을 등록하기 위한 신청 절차는 아래와 같다.

외국인 관광 도시민박업 허가 절차

신청서 작성 → 접수 → 심의(현장 방문) → 등록 → 등록증 발급

관할 구청 해당 부서에서 진행

일반적인 허가 절차와 마찬가지로 도시민박업 신청과 접수를 마치면 구청 관계자의 실사 및 심의를 위한 현장 방문을 받는다. 이때 별다른 문제가 없으면 등록증을 발급받을 수 있다.

구체적으로 살펴보면, 일단 관할 구청의 관광과를 방문해서 신청서를 작성한 후 사업계획서와 기본증명서(구청 방문 시 발급받아도 된다)를 발급받아 미리 준비한 서류와 함께 담당자에게 제출한다. 이때 2만~3만 원 정도의 인허가 비용이 발생한다.

외국인 관광 도시민박업 허가 시 제출 서류는 신청서, 사업계획서, 기본증명서, 부동산 소유권 증명 서류 또는 임대차계약서, 평면도 또는 시설배치도다.

신청서를 제출한 후 구청 담당자와 시간을 조율해서 현장 점검을 받는다. 주로 불법 건축물 여부와 소방 안전 등을 확인하며, 심사가 무사히 마무리되면 다시 구청 관광과에 방문해서 외국인 관광 도시민박업 등록증을 찾아오면 된다.

만약 현장 심사에서 소방 안전 등의 미비한 점이 있으면 담당자로부터 수정 권고를 받게 되고, 이후 지적받은 부분을 시정해야 비로소 등록증을 발급받을 수 있다.

외국인 관광 도시민박업은 관광편의시설업 지정증으로 발급되며, 해당 구청마다 양식이 다르다. 또한 구청마다 숙소를 운영하고자 하는 집의 연식에 따른 허가 여부도 다를 수 있으므로, 구옥에서 게스트하우스를 운영할 계획이라면 외국인 관광 도시민박업 등록 전에 관할 구청 담당자와 주소를 공유해서 허가 여부를 반드시 확인하길 바란다.

 check — 외국인 관광 도시민박업 제출 서류

① 관광 사업 등록 신청서
② 사업계획서
③ 기본증명서: 성명, 전화번호, 주소 등을 기재한 서류
④ 부동산의 소유권을 증명하는 서류, 임차인의 경우 임대차계약서 및 동의서(단, 임대차계약서에 '임차인의 게스트하우스 운영에 동의함' 또는 '임대인은 임차인의 단기 사용을 위한 임대 및 전대에 동의함'이라는 문구가 있을 시 임대인 동의서 불필요)
⑤ 평면도 또는 시설 배치도

제출 서류는 해당 구청마다 상이할 수 있으므로, 허가 신청 시 미리 관할 구청에 확인해 보는 것이 좋다. 간혹 사진 및 외국어 자료 등을 요구하는 곳도 있다.

관련 서류는 호스트 커뮤니티 '쉐어&하우스 연구소' 카페 내 '캐스퍼 칼럼(cafe.naver.com/imyouna/40665)'에 있으니 다운로드 받아서 사용해도 된다.

별첨 1: 신청서

■ 관광진흥법 시행규칙 [별지 제1호서식] <개정 2021. 4. 19.>

관광사업 등록신청서

※ 뒤쪽의 제출서류를 참고하시기 바라며, 색상이 어두운 란은 신청인이 적지 않습니다. (앞쪽)

접수번호	접수일	발급일	처리기간	○ 여행업, 관광숙박업 및 야영장업: 7일 ○ 종합휴양업: 12일 ○ 외국인관광 도시민박업 및 한옥체험업: 14일 ○ 그 밖의 관광사업: 5일

신청인	성 명(대표자)		주민등록번호 (외국인등록번호)	
	주 소		전화번호	

상호(명칭)		업종	
주사업장 소재지		전화번호	

자본금

영업개시 연월일

「관광진흥법」 제4조제1항 및 같은 법 시행규칙 제2조에 따라 위와 같이 관광사업의 등록을 신청합니다.

년 월 일

신청인 성명 (서명 또는 인)

특별자치시장·
특별자치도지사· 귀하
시장·군수·구청장

제출서류	뒤쪽 참조	수수료 ○ 외국인관광 도시민박업 및 한옥체험업의 경우: 20,000원 ○ 그 밖의 관광사업의 경우: 30,000원 (숙박시설이 있는 경우 매 실당 700원을 가산한 금액으로 합니다)

행정정보 공동이용 동의서
(호텔업, 국제회의시설업 및 야영장업 신청만 해당합니다)

본인은 이 건 업무처리와 관련하여 담당 공무원이 「전자정부법」 제36조제1항에 따른 행정정보의 공동이용을 통하여 뒤쪽의 담당 공무원 확인사항 중 제3호 및 제4호를 확인하는 것에 동의합니다. *동의하지 않는 경우에는 신청인이 직접 관련 서류를 제출하여야 합니다.

신청인 (서명 또는 인)

처리절차

신청서 작성	→	접 수	→	심 의	→	등 록	→	등록증 발급
신청인		처리기관 특별자치시·특별자치도·시·군·구		처리기관 특별자치시·특별자치도·시·군·구		처리기관 특별자치시·특별자치도·시·군·구		

210mm×297mm[백상지 80g/㎡]

별첨 2: 사업계획서

쉐어하우스 연구소

▶ 사업 개요

쉐어하우스 연구소 게스트하우스에서는 총 4개의 방으로 구성되어 있으며 호스트의 방을 제외한방 3개로 도시민박 사업을 진행 할 예정임.

주소 : 서울시 중구
성함 : 캐스퍼
연락처 : 010-1234-5678

▶ 시설 개요

주택의 종류
주택의 총 면적 : m2
사업장 면적
객실 수
객실 제공형태
소화기
화재경보기

▶ 영업 계획

숙박 이외 제공 프로그램
- 서울 관광안내 책자 제공으로 관광 안내
- 그외 프로그램 없음

마케팅 계획
- 에어비앤비, 홈어웨이 플랫폼을 이용하여 외국인 관광객 유치
- 블로그 및 페이스북을 통하여 홍보 예정

▶ 투숙객 관리 계획
- 실 관광객 대상 숙박일지 작성
- 비상상황 대비 구급의료함 비축
- 소화기 비치 및 비상 대피 안내도 부착

 별첨 3: 평면도

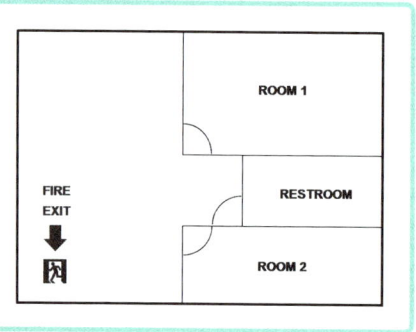

농어촌민박업의 등록 절차

농어촌민박업 등록을 위한 신청 절차는 외국인 관광 도시민박업과 같다.

농어촌민박업 허가 절차

신고서를 작성하고 접수를 마치면 담당자의 실사 및 심의를 위한 현장 방문이 이루어진다. 현장 방문 시 주로 불법 건축물 여부와 소방 안전 세트의 설치 여부 그리고 오수처리시설 등을 확인하며, 심사가 마무리되면 등록증이 발급된다. 현장 심사에서 소방 안전 등의 미비한 점이 발견되면 담당자로부터 수정 권고를 받게 되며, 수정 권고한 부분을 시정해서 재확인시켜 주면 허가 및 등록이 마무리되고 이후 등록증을 발급받을 수 있다.

농어촌민박업 허가 시 제출 서류는 농어촌민박 사업자 신고서, 주민등록등본, 건축물대장, 부동산 소유권 증명 서류 또는 임대차계약서다. 각 지자체에 따라 토지대장, 지적도, 사업계획서, 민박요금표 등을 추가로 요구하는 경우도 있으니 미리 확인해야 한다.

 **농어촌민박업 제출 서류**

① 농어촌민박 사업자 신고서
② 주민등록등본
③ 건축물대장
④ 부동산의 소유권을 증명하는 서류, 임차인의 경우 임대차계약서 및 동의서(단, 임대차계약서에 '임차인의 게스트하우스 운영에 동의함' 또는 '임대인은 임차인의 단기 사용을 위한 임대 및 전대에 동의함'이라는 문구가 있을 시 임대인 동의서 불필요)

별첨 1: 신청서

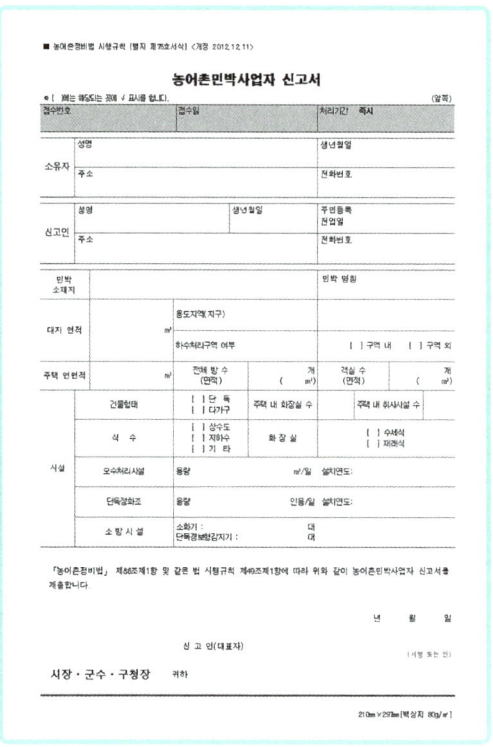

사업자 등록증 발급받기

외국인 관광 도시민박업을 위한 사업자 등록

외국인 관광 도시민박업 허가를 받으면 소득이 발생하므로 사업자 등록을 해야 한다. 따라서 게스트하우스를 운영하기 위해서는 해당 세무서에 방문해서 사업자 등록을 해야 하며 업종은 숙박업, 주종목은 외국인 관광 도시민박업으로 신고한다.

 check **사업자 등록**

사업을 개시하고, 개시 사실을 알리기 위해 관할 세무서에 신고하는 절차를 뜻한다. 사업자 등록은 세법에 의무 사항으로 규정되어 있으며, 관할 세무서는 특별한 하자가 없는 한 사업자 등록번호와 함께 사업자 등록증을 교부해 준다. 사업자 등록번호는 해당 업체를 표시하는 고유번호로 상거래 시 주고받는 영수증 등에 반드시 기재해야 하며, 사업자 등록증은 사업장에 비치해야 한다.

사업자 등록을 하기 위해 세무서를 방문하려면 외국인 관광 도시민박업 등록증과 사업자 등록 신청서, 주택 임대차계약서가 필요하다(단, 운영자 자가의 주택이거나 공동주택일 경우에는 임대차계약서가 필요하지 않다). 또한 사업자 등록자 확인을 위해 신분증은 반드시 지참해야 한다. 사업자 등록 및 신분증 제출은 외국인 관광 도시민박업 허가를 받은 본인이 방문해야 신청이 가능하다.

 check 외국인 관광 도시민박업 사업자 등록 구비 서류

① 외국인 관광 도시민박업 등록증
② 사업자 등록 신청서
③ 주택 임대차계약서(단, 자가 주택에 전입신고가 되어 있는 외국인 관광 도시민박업의 경우에는 세무서 전산으로 확인이 가능하여 따로 서류가 필요하지 않음)
④ 신분증

별첨 1: 사업자 등록 신청서

■ 부가가치세법 시행규칙 [별지 제4호서식] <개정 2025. 3. 21.>

홈택스(www.hometax.go.kr)에서도 신청할 수 있습니다.

사업자등록 신청서(개인사업자용)
(법인이 아닌 단체의 고유번호 신청서)

※ 사업자등록의 신청 내용은 영구히 관리되며, 납세 성실도를 검증하는 기초자료로 활용됩니다.
아래 해당 사항을 사실대로 작성하시기 바라며, 신청서에 본인이 자필로 서명해 주시기 바랍니다.
※ [ ]에는 해당하는 곳에 √표를 합니다.

(앞쪽)

| 접수번호 | | 처리기간 | 2일(보정 기간은 불산입) |

1. 인적사항

상호(단체명)		연락처	(사업장 전화번호)
성명(대표자)			(주소지 전화번호)
주민등록번호			(휴대전화번호)
(단체)부동산등기용등록번호			(FAX 번호)
사업장(단체) 소재지			층 호
사업장이 주소지인 경우 주소지 이전 시 사업장 소재지 자동 정정 신청			([ ]여, [ ]부)

2. 사업장 현황

업 종	주업태	주종목	주생산 요소	주업종 코드	개업일	종업원 수
	부업태	부종목	부생산 요소	부업종 코드		

사이버몰 명칭		사이버몰 도메인				

사업장 구분	자가 면적	타가 면적	사업장을 빌려준 사람 (임대인)			임대차 명세		
			성 명 (법인명)	사업자 등록번호	주민(법인) 등록번호	임대차 계약기간	(전세) 보증금	월세(차임)
	㎡	㎡				. . ~ . .	원	원

허가 등 사업 여부	[ ]신고 [ ]등록 [ ]허가 [ ]해당 없음	주류면허	면허번호	면허신청 [ ]여 [ ]부
개별소비세 해당 여부	[ ]제조 [ ]판매 [ ]입장 [ ]유흥	사업자 단위 과세 적용 신고 여부		[ ]여 [ ]부
사업자금 명세 (전세보증금 포함)	자기자금 원	타인자금		원
간이과세 적용 신고 여부	[ ]여 [ ]부	간이과세 포기 신고 여부		[ ]여 [ ]부
전자우편주소		국세청이 제공하는 국세정보 수신동의	[ ]문자(SMS) 수신에 동의함(선택) [ ]전자우편 수신에 동의함(선택)	
그 밖의 신청사항	확정일자 신청 여부 [ ]여 [ ]부	공동사업자 신청 여부 [ ]여 [ ]부	사업장소 외 송달장소 신청 여부 [ ]여 [ ]부	양도자의 사업자등록번호 (사업양수의 경우에만 해당함)
신탁재산 여부	[ ]여 [ ]부	신탁재산의 등기부상 소재지 또는 등기부상 등록지		

210mm×297mm[백상지(80g/㎡) 또는 중질지(80g/㎡)]

농어촌민박업을 위한 사업자 등록

농어촌민박업 역시 외국인 관광 도시민박업과 같이 허가를 받으면 소득이 발생하므로 사업자 등록을 해야 한다. 따라서 게스트하우스를 운영하기 위해서는 해당 세무서에 방문해서 사업자 등록을 해야 하며 업종은 숙박업, 주종목은 농어촌민박으로 신고한다.

사업자 등록을 하기 위해 세무서를 방문하려면 농어촌민박업 신고필증, 사업자 등록 신청서, 임대차계약서가 필요하다(단, 운영자 자가의 주택이거나 공동주택일 경우에는 임대차계약서가 필요하지 않다). 또한 사업자 등록자 확인을 위해 신분증은 반드시 지참해야 한다. 사업자 등록은 외국인 관광 도시민박업과 마찬가지로 농어촌민박업 허가를 받은 본인이 방문해야 신청이 가능하다.

Chapter 6

숙소 개설 전 체크 리스트

침실 체크리스트

에어비앤비의 원래 목적은 사용하던 빈방을 빌려주는 것이다. 그런데 에어비앤비 호스트가 점점 늘어나다 보니 게스트 유치를 위한 인테리어 경쟁이 심화되고 있다. 물론 약간의 수익만을 원한다면 현재 상태 그대로 호스팅을 해도 괜찮다. 하지만 게스트 입장에서는 숙박료가 비슷하다면 다양한 용품이 잘 구비된 집을 예약하고 싶을 것이다.

방을 꾸미는 데 필요한 물품과 소품이 무엇인지 체크해 가면서 하나씩 구비하면 초기 비용을 줄일 수 있고, 계획적인 구성이 가능하다. 그러므로 체크리스트를 확인하면서 계획을 세워 보자.

먼저 가장 중요한 침실을 살펴보자. 침실의 필수 품목은 다음과 같이 정리할 수 있다.

침실에 필요한 필수품

물품	구비 물품의 이점	체크
침대, 매트리스	침대는 외국인 관광객에게 필수 물품이다. 한국식 전통 이불을 가져다 두면 흥미로움에 예약하고 숙박하는 경우도 있지만, 이내 불편을 느끼고 다른 곳으로 옮기거나 예약률이 낮아지는 일이 훨씬 더 많다. 그래서 기본적으로 침대를 필수로 두는 것이 좋다.	
매트리스 커버	매트리스의 오염 방지를 위해 매트리스 커버를 두는 것이 좋다.	
이불솜	이불솜은 계절에 맞게 구비하는 것이 좋으나, 난방이 잘되어 있다면 두텁지 않은 이불솜으로 사계절을 사용할 수 있다.	
이불 커버	이불 커버는 투숙객이 바뀔 때마다 교체해야 하기에 꼭 여분을 구매해 두어야 한다. 요란한 무늬보다는 단색의 이불 커버가 더 좋다.	
베개 솜	베개 솜은 50cm×70cm가 일반적이다. 퀸사이즈 침대인 경우에는 꼭 2개 이상 구비해 두는 것이 좋다.	
베개 커버	베개 커버는 이불 커버와 마찬가지로 투숙객이 바뀔 때마다 교체해야 하기에 꼭 여분을 구매해 두어야 한다. 역시 요란한 무늬보다는 단색이 더 좋으며, 교체하기에 편한 커버가 좋다.	
암막 커튼	게스트의 숙면을 위해서 호텔처럼 암막 커튼을 구비해 놓는 것이 좋다. 암막 커튼은 햇빛을 가려 주는 역할만 하는 것이 아니라 냉기가 들어오는 것도 막아 주며, 인테리어 역할도 한다.	
에어컨	여름에 에어컨이 구비되어 있지 않으면 더위로 인해 게스트가 불편함을 호소할 것이 분명하기 때문에 좋은 후기를 받기가 어렵다. 숙소의 예약률과 직결되는 만큼 방마다 꼭 에어컨을 구비해 두어야 한다(인버터 에어컨을 구매하면 전기료 부담 없이 사용할 수 있다).	

필수 품목 이외에도 숙소 운영을 좀 더 편리하게 하기 위해서는 다음과 같은 물품이 추가로 필요할 수도 있다.

침실 관리를 돕는 옵션 물품

물품	구비 물품의 이점	체크
매트리스 방수 커버	게스트가 침대에서 커피를 마시거나, 여성 게스트의 생리 등의 문제로 매트리스가 오염될 수도 있다. 이럴 때 매트리스 방수 커버를 사용하면 매트리스가 오염되는 것을 방지할 수 있으므로, 구매해서 매트리스에 항상 씌워 두면 좋다.	
베개 방수 커버	베개 방수 커버를 사용하면 베개 솜이 오염되는 것을 막을 수 있다. 게다가 많은 게스트가 머무르다 가면 베개 솜에서 냄새가 날 수 있는데, 이러한 냄새가 스며드는 것 역시도 방지할 수 있다. 방수 커버를 씌운 후에 베개 커버만 교체 및 세탁하면 매우 편리하다.	
토퍼 (매트리스 패드)	게스트가 바뀔 때마다 매번 매트리스를 들고 커버를 바꾸는 것은 쉽지 않다. 이때 매트리스 방수 커버가 구비되어 있으면 게스트가 바뀌더라도 토퍼만 바꿔 주면 되므로 침대 청소가 한결 수월해진다. 따라서 게스트가 바뀔 때를 대비해서 여분의 토퍼를 구비해 두는 것이 좋다.	

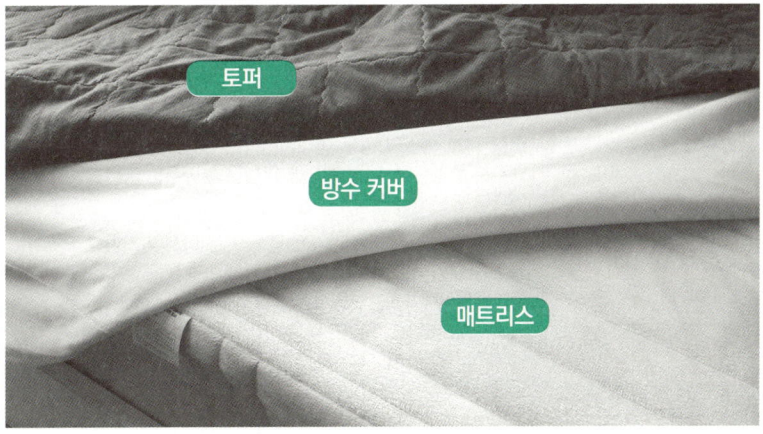

침실에 권장하는 옵션 물품

물품	구비 물품의 이점	체크
책상, 의자	게스트 중에는 여행객만 있는 것이 아니라 가끔 출장을 오는 사람도 있다. 이들을 위해서 업무용 책상과 의자를 구비한다면 게스트가 더욱 편리하게 침실을 이용할 수 있다.	
옷장	게스트의 옷을 보관할 옷장이 있으면 좋다. 옷장을 구비해 두는 것이 부담된다면 간단하게 행거장 형태의 장이라도 준비하는 것이 좋다. 좁은 장소에서도 이용 가능한 전신 거울이 포함된 옷장도 있으니, 인테리어용으로라도 구비해 두면 좋다.	
침대 협탁, 조명등	침대 옆에 조그마한 협탁과 조명등이 있다면 인테리어용으로도 좋고, 게스트가 간단하게 일을 볼 때도 매우 좋다.	
침대 쿠션	침대 위에 쿠션을 추가로 구비해 두면 침대 스타일링에 좋다.	
빨래 건조대	빨래 건조대를 준비해 두면 좋다. 특히 여성 게스트들은 방에서 빨래를 말리기도 하므로 조그마한 것을 구비해 두면 게스트에게 편리함을 제공할 수 있다.	
인테리어 및 소품	• 식물: 방을 생기 있어 보이게 한다. 인테리어 측면에서도 놓는 것이 좋다. • 액자 또는 포인트 벽지: 액자가 있으면 벽에 도배만 되어 있는 공허한 상태보다 방을 고급스럽게 보이도록 한다. 또는 포인트 벽지를 붙여서 방을 돋보이게 할 수도 있다. • 디퓨저: 방에 은은하게 향이 퍼지면 생활 냄새가 나지 않아서 더욱 고급스러운 분위기를 연출할 수 있으며, 인테리어 효과도 있다. • 인형: 여성 전용 숙소의 경우 인테리어용으로 인형을 놓아두면 대부분 좋아한다. 대신 침대에 인형을 놓아두면 불편할 수 있으니 유의해야 한다. • 멀티탭: 카메라, 핸드폰, 태블릿 PC 등 다양한 디지털 기기를 가지고 다니는 게스트가 많으므로 동시에 충전할 수 있도록 멀티탭을 구비해 놓으면 좋다. 특히 최근에는 USB 포트가 포함된 멀티탭이 많이 나오는데, 이런 멀티탭을 준비하면 충전기를 가져오지 않은 게스트가 편리하게 사용할 수 있다.	

비즈니스 출장 목적에 맞게 구성된 침실

식물과 액자, 포인트 벽지 등으로 꾸민 침실

액자와 협탁, 침실 조명이 심플한 침실

엑스트라 쿠션으로 풍성하게 꾸며진 침실

침대만 있는 밋밋한 사진

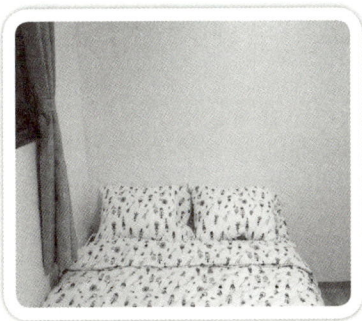

협탁과 패브릭 액자로 장식한 침실

거실 체크리스트

이번에는 거실에 필요한 물품들을 살펴보자.

거실을 게스트와 공유하는 형태로 운영할 경우 기존 거실에 약간의 물품만 추가하면 된다. 그러나 건축물 용도 변경을 통해서 집 전체(방과 거실 포함)를 빌려주는 형태의 발전된 외국인 관광 도시민박업을 하거나, 펜션처럼 독채로 집을 빌려주는 형태로 운영한다면 새로운 느낌이 나도록 인테리어를 하고 그에 어울리는 물품들을 갖추어야 한다.

거실의 인테리어는 편리함을 바탕으로 숙소를 예약하는 사람의 호감을 이끌어 내고 예약률을 높일 수 있는 방향으로 해야 한다. 특히 1인 관광객이 아닌, 다수의 외국인 관광객이 방문하는 숙소의 경우에는 게스트들이 모여서 티타임을 가질 수 있는 테이블과 소파를 비롯해 생활 편리품 등이 구비되어 있어야 한다.

관광객이 숙소에 도착해서 제일 먼저 마주하는 곳이 거실인 만큼 첫인상을 좌우하니, 체크리스트를 확인해 가며 계획을 세워 보자. 거실에는 최소한 다음과 같은 물품들이 있어야 한다.

거실에 필요한 필수품

물품	구비 물품의 이점	체크
소파	외국인 게스트들은 바닥에서 생활하는 것이 익숙하지 않다. 소파는 편리함뿐만 아니라 거실 인테리어용으로도 매우 좋다.	
소파 테이블	소파와 소파 테이블을 함께 두면 다수의 게스트가 머무를 경우 모여서 이야기를 나누며 여러 가지 용도로 이용할 수 있어 매우 편리하다. 또한 소파만 혼자 놓여져 있는 것보다 소파 테이블이 함께 있으면 거실의 분위기를 더욱 좋게 한다.	
TV	방만 빌려줄 때는 방에 TV를 설치하면 되지만, 거실까지 공유할 경우 거실에 TV를 설치해 두면 인테리어 면에서 더욱더 돋보인다. 관광객은 돌아다니느라 TV를 시청할 시간이 별로 없지만, 그럼에도 불구하고 숙소에 TV가 옵션으로 있는지 없는지를 체크하는 사람이 많다. 따라서 예약률을 높이기 위해서라도 TV를 설치하는 것이 좋다.	
에어컨	방뿐만 아니라 거실에도 에어컨 설치는 필수다. 하지만 거실이 그다지 크지 않을 경우, 방마다 에어컨을 설치했다면 거실 에어컨 설치가 불필요할 수도 있다.	

여기에 다음과 같은 물품을 추가로 구비하면 거실 분위기를 더욱 매력적으로 만들수 있다.

거실에 권장하는 옵션 물품

물품	구비 물품의 이점	체크
러그	러그는 거실을 더욱 고급스러워 보이게 한다. 소파 근처나 거실의 넓은 부분에 러그를 깔아 두면 좋다.	
거실 스탠드	거실에 스탠드를 설치하면 분위기가 우아해진다. 거실이 넓으면 조명 역할도 할 수 있다. 단, 거실이 작다면 굳이 설치하지 않아도 된다.	
소파 쿠션	소파 쿠션을 비치하면 거실 분위기가 더 좋아진다.	
다리미, 다리미 테이블	출장을 오거나 구직 인터뷰를 위해 오는 게스트들이 종종 있다. 이런 게스트를 위해서 다리미와 다리미 테이블을 구비해 두면 좋다.	
영어 책 몇 권	해외 명작 등 영문 서적을 몇 권 구비해 두는 것도 좋다. 게스트 다수는 여기저기 돌아다니는 관광객이지만, 힐링하기 위해 느긋하게 숙소에서 쉬면서 여유를 즐기는 게스트도 있기에 읽을 만한 책이 있다면 정말 좋을 것이다. 책은 인테리어용으로도 좋다.	
여행 자료	무료 관광 책자를 비치하거나, 서점에서 우리나라 관광과 관련된 영어 책자 등을 사서 구비해 두면 좋다(쉐어&하우스 연구소 카페에 서울시 관광 책자를 신청하는 방법이 나와 있다). 또는 직접 숙소가 있는 지역 주변의 맛집이나 경치가 좋은 곳 등을 소개한 책자를 간단하게 만들어 놓으면, 우리나라를 잘 모르는 외국인 관광객의 호감을 이끌어 낼 수 있다.	

러그와 식물로 분위기 있게 꾸민 거실

그림을 이용해서 고급스럽게 장식한 거실

주방 및 화장실, 욕실의 체크리스트

주방과 욕실은 집을 더욱 화사해 보이게 할 수 있는 중요한 장소들이다. 주방과 욕실이 오래되어 인테리어할 엄두가 안 난다면, 다양한 물품을 센스 있게 배치하는 것만으로도 충분히 더 나은 분위기를 연출할 수 있다.

특히 주방 및 욕실 용품 중에는 숙소를 운영하는 호스트의 센스와 배려를 돋보이게 할 수 있는 것이 많다. 그리고 주방 및 욕실의 편리함 여부는 숙소의 예약률과 직결되는 리뷰에 포함되는 일이 많기 때문에 긍정적인 평가를 받을 기회가 되기도 한다.

호텔과 달리 주방을 사용할 수 있는 펜션 또는 주택형 도시민박업 숙소를 위한 다음의 체크리스트를 확인해 가며 계획을 세워 보자.

주방과 욕실에는 최소한 아래와 같은 물품들이 센스 있게 구비되어 있어야 한다.

주방·욕실에 필요한 필수품

물품	구비 물품의 이점	체크
조리 도구	과도, 부엌칼, 도마, 국자, 뒤집개, 프라이팬, 냄비, 냄비 받침 등	
식기	젓가락, 숟가락, 포크, 밥그릇, 국그릇의 개수는 방문 관광객 수의 최소 두 배로 준비한다. 단 접시는 방문 관광객 수보다 넉넉하게 준비하는 것이 좋다. 또한 컵은 무난하게 머그잔으로 준비해 두는 것이 좋다. 그런데 간혹 게스트가 식기와 조리 도구를 가져가거나 실수로 파손하는 일이 있다. 따라서 비싼 제품보다는 쉽게 구할 수 있는 저렴하면서도 심플한 제품을 구비하는 것이 좋다.	
수건	보통은 호텔에서 사용하는 수건을 비치하는데, 집에서 많이 쓰는 수건을 비치해도 큰 문제는 없다. 다만 세탁이 힘든 흰색보다는 어두운색 계열로 색상을 통일해서 비치하는 것이 좋다.	
헤어드라이어	여성 게스트를 위한 필수품이다. 최근에는 1만 원 이내의 제품도 많이 나오고 있으므로, 꼭 비치해 두도록 하자.	
휴지	두루마리 휴지를 비치해서 화장실용으로 사용한다.	
샴푸, 바디워시	샴푸와 바디워시는 대용량으로 구매한 다음 리필하면서 사용하면 좋다.	
세탁 세제, 주방 세제	세탁 세제는 섬유유연제가 포함된 제품을 대용량으로 구매해서 사용하면 좋다. 주방 세제 역시 대용량으로 구매해도 괜찮다.	

그리고 주방과 욕실에 다음과 같은 물품이 있다면 최상의 리뷰를 받을 확률이 높아진다.

주방·욕실에 권장하는 물품

물품	구비 물품의 이점	체크
와인잔 및 소주잔	가끔 게스트로부터 와인잔 및 소주잔에 대한 요구가 있으므로 구비해 놓으면 좋다.	
일회용 장갑	아시아권 여행객 중에는 간혹 나물 같은 음식을 먹는 경우가 있는데, 이를 위해 일회용 장갑을 준비해 두면 조리 및 식사 과정에서 손을 사용해야 할 때 쓸 수 있다.	
밥솥	아시아권 여행객 중에는 밥솥을 찾는 경우도 있다. 그런데 아주 가끔 가져가는 게스트가 있으니, 저렴한 제품을 구비하는 것이 좋다. 또는 전자레인지로 조리할 수 있는 즉석밥이 있다는 사실을 말해 주는 것도 괜찮다.	
차 또는 커피	녹차, 둥굴레차 같은 일회용 티백이나 인스턴트커피 등을 식탁 위에 올려 두면 호스트의 배려를 느낄 수 있는 동시에 인테리어 효과도 있다. 다만 많은 수량을 비치하기보다는 방문 인원수와 기간에 맞춰서 소량만 준비해 두는 것이 좋다	
쓰레기봉투	적은 금액으로 여행하는 경우 숙소에서 식사를 해결해야 할 때가 많다. 숙소에서 음식을 해 먹으면 쓰레기가 많이 나오므로 쓰레기봉투를 준비해 두면 좋다.	
물비누	고체형 비누를 꺼리는 게스트가 많다. 이미 많은 사람이 사용했다고 생각하기 때문이다. 따라서 물비누를 구비해 두면 호스트의 세심한 배려를 느낄 수 있을 것이다.	
치약	치약이 있으면 사용하는 게스트도 있고, 사용하지 않는 게스트도 있다. 따라서 우선 구비해 두고, 사용 여부는 게스트에게 맡기도록 하자.	

수건 스타일링을 통한 장식 효과

욕실을 더 깔끔하게 꾸며 주는 리필통

식물과 소품으로 꾸민 작은 욕실

올드해 보이지만 깔끔하게 꾸민 주방

체크인 가이드 제작하기

숙소 꾸미기를 완료한 다음에는 체크인 가이드를 제작해야 한다. 숙소 이용 메뉴얼인 체크인 가이드를 제작해서 한국을 잘 모르는 외국인 관광객이 방문하기 전에 이메일 등을 통해서 보내 주면, 문의가 많이 줄어든다. 특히 디지털 도어락을 이용한 셀프 체크인으로 숙소를 운영하는 호스트일수록 체크인 가이드가 필요하다.

만약 숙소까지 오는 방법이나, 한글로 적힌 세탁기나 리모컨의 작동법 등을 미리 설명해 주지 않으면 엄청난 문의에 시달리게 된다. 그러므로 다음과 같은 순서로 체크인 가이드를 만들어 두는 것이 좋다.

우선 자신의 에어비앤비 프로필 사진과 방 사진을 이용해서 표지를 만든다.

숙소 체크인 가이드 표지 예시

　외국인 관광객은 숙소 예약 후 강릉, 부산, 제주도 등을 다녀오는 경우가 많으므로 숙소 사진과 함께 숙소명을 같이 적어 주면 다른 숙소의 체크인 가이드와 헷갈리지 않고 이용할 수 있다. 어렵지 않은 영어 표현을 써 놓으면 대부분 이해한다.

　숙소 주소와 사진 그리고 지도는 반드시 보내 줘야 한다. 그리고 공항버스Airport Limousine와 공항철도AREX를 이용하는 방법도 추가하면 게스트가 더 쉽게 숙소를 찾아올 수 있다.

숙소 사진과 위치 안내

```
Share House

▶ ADDRESS
Sharehouse  2580 (20th floor), 101, Teheran-ro, Gangnam-gu, Seoul, Korea
Sharehouse  is located just 1~2 min from Gangnam station gate number #3.

▶ Transport to Sharehouse from the airport
 - AREX (Airport Express)
 1. Ride on a AREX.
 2. Transfer to the train line number 2 (Green Line)
 3. Get off at the Gangnam station.

 - Limousine bus
 1. Buy a Airport Limousine ticket at the ticket office.
 2. Ride on a limousine number 6020
 3. It takes about 70mins from the Incheon Airport to Sharehouse.
```

우리나라에서는 대부분 디지털 도어록을 이용하지만, 외국에는 아직도 열쇠로 문을 열어야 하는 집이 많다. 디지털 도어락이 안전하지 않다고 생각하기 때문이다. 그래서 외국인 게스트 대다수가 디지털 도어락에 익숙하지 않다. 따라서 디지털 도어락을 쓴다면 비밀번호뿐만 아니라 도어락 사용법도 반드시 적어 준다.

그리고 체크인·체크아웃 시간도 다시 한번 안내한다. 안내가 부족해서 체크인·체크아웃 시간이 지켜지지 않으면 다음 게스트를 위한 청소 시간이 부족해지는 등의 불편한 점이 발생한다.

도어락과 체크인·체크아웃에 관한 안내

Share House

▶ **Door Lock (Password based)**
- Password : 09258011
1. Slide up door lock cover
2. Press password above
3. Slide down door lock cover

▶ **CHECK-IN / CHECK OUT**
- Guest check-in time is 3:00 p.m.
If rooms are requested prior to check-in time, early arrivals will be accommodated, as rooms become available.
- Check-out time is 11:00 a.m.
Please keep the time. Cleaning service will visit for cleaning

▶ **WIFI**
- ID : Sharehouse   - Password : share1109

▶ **Mobile WIFI**
- ID : Sharehouse mobile   - Password : smobile1109

다리미와 티머니 교통카드, 모바일 와이파이 에그, 주차권 등의 물품은 한국 도착 전에 미리 요청하라고 안내한다. 이걸 안내해 주지 않으면 계속 문의가 들어와서 밖에서 볼일을 보다가도 게스트에게 물품을 전해 주러 가야 하는 일이 생길 수 있다.

물품 사용에 관한 안내

Share House

▶ **Iron and Iron table**
If you need iron and iron table, please let me know before your arriving.

▶ **T-money(for transportation)**
If you need T-money card, please let me know before your arriving.

▶ **Mobile WIFI egg**
If you need mobile WIFI egg, please let me know before your arriving.

▶ **Parking**
If you need to park your car, please let me know before your arriving.

인천공항 또는 김포공항에서 숙소로 오는 방법도 미리 안내해 준다. 외국인 관광객이 가장 많이 헤매는 곳이 인천공항이다. 자료는 인천공항 홈페이지(www.airport.kr)를 참조해서 만들면 된다.

공항에서 숙소까지 찾아오는 방법 안내

여행을 마치고 공항으로 돌아가야 하는 게스트를 위해 공항버스 이용법을 안내해 주는 것도 좋다. 이는 자신의 나라로 돌아가는 게스트에게 호스트의 따스한 배려를 느끼게 할 수 있는 방법이기도 하다.

공항버스 이용법 안내

실내등을 켜는 방법과 보일러 사용법에 대한 안내도 적어 둔다. 외국인 게스트는 대부분 온돌식 난방이 익숙지 않기 때문에 보일러 사용법 안내는 필수다.

보일러 사용법 안내

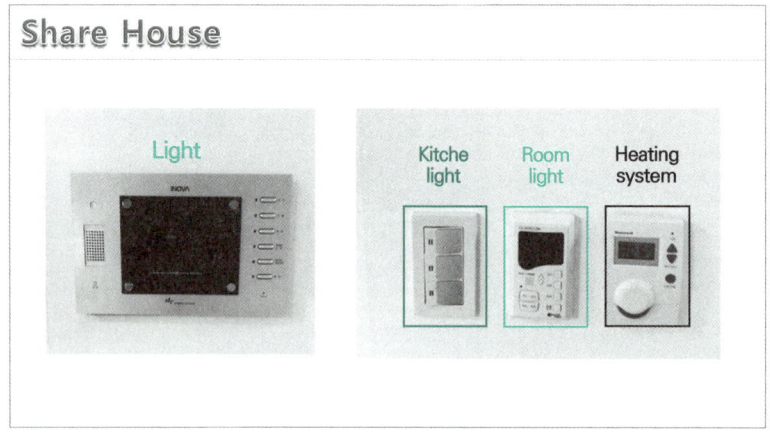

우리나라 가전제품의 버튼은 대부분 한글로 적혀 있어서 외국인 게스트가 난감해하는 일이 많다. 따라서 세탁기, 전자레인지, 리모컨 등의 가전제품 사용법을 안내해 주면 게스트의 문의가 많이 줄어든다. 특히 투잡으로 숙소를 운영하는 호스트들은 수십 개의 문자 메시지에 하나하나 답변하는 수고로움을 덜 수 있다.

가전제품 사용법 안내

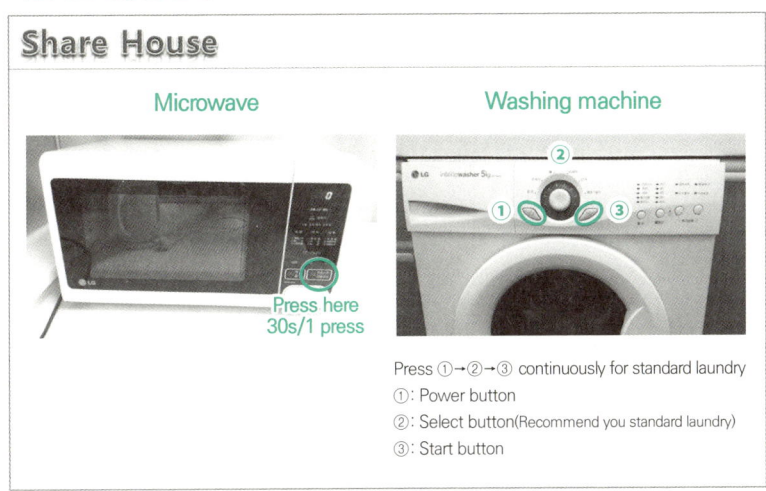

리모컨 사용법 안내

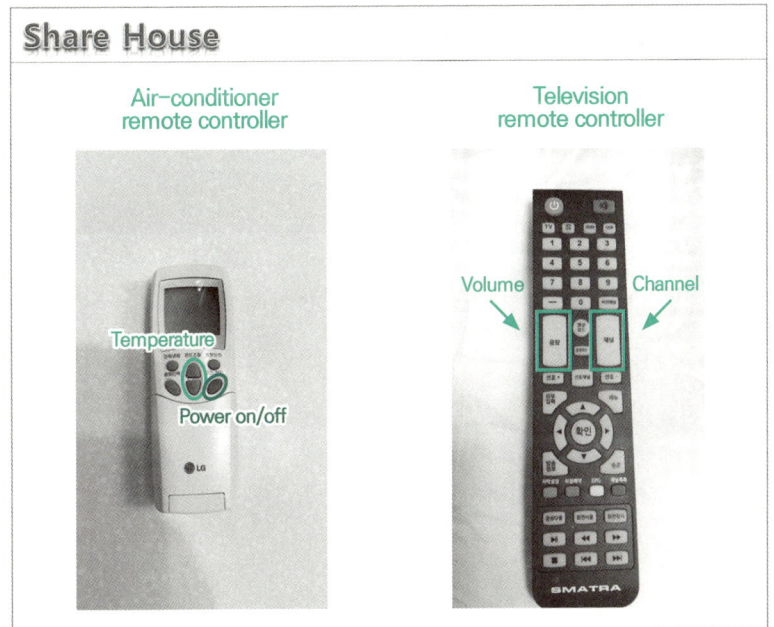

Chapter 6 숙소 개설 전 체크리스트

우리나라는 쓰레기 분리수거가 철저하게 지켜지는 편이다. 따라서 장기 투숙을 하는 외국인 관광객에게는 쓰레기 종량제 봉투 사용 방법 안내가 필수다. 분리수거를 하지 않고 쓰레기를 배출하면 이웃에게 피해를 끼칠 뿐만 아니라 최악의 경우 이웃으로부터 민원이 발생할 수도 있다.

분리수거 방법 안내

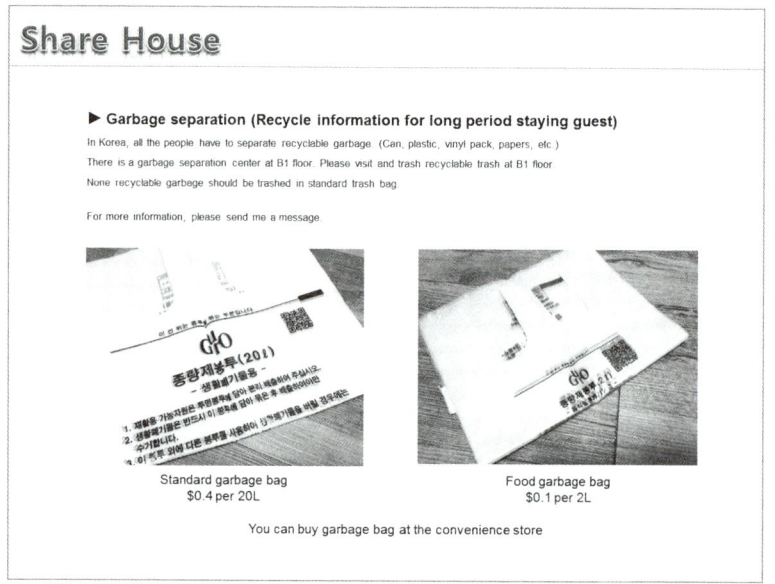

체크인 가이드의 마지막 페이지는 따뜻한 인사로 마무리하면 된다.

체크인 가이드 마지막 페이지 예시

Share House

If you have any trouble or question?
Please tell them you are staying your friend house.
In Korea, Airbnb & Homeaway staying is not general.

Thank you for your visiting!
I hope your safe and a pleasant trip

이렇게 만든 체크인 가이드는 게스트가 숙소를 예약한 후에 메시지로 이메일 주소를 물어보고 보내 주거나, 에어비앤비에서 사용하는 이메일로 보내 주면 된다. 호스트가 이처럼 배려하면 후기에 언급될 확률이 높아지고, 이는 높은 별점과 예약을 이끌어 내는 수단이 될 수 있다.

참고할 수 있는 체크인 가이드 관련 문서는 '쉐어&하우스 연구소' 카페에 한국어, 영어, 중국어로 업로드되어 있다(cafe.naver.com/imyouna/39961).

Chapter 7

숙소 홍보하기

숙소를 상위에 노출하는 방법

　에어비앤비 호스트로 숙소를 등록했다고 해서 무조건 많은 게스트가 찾아오거나 예약하지는 않는다. 에어비앤비 사이트나 앱에 로그인한 상태에서 내 숙소의 지역을 검색해 보면 항상 첫 페이지에 있지만, 계정을 로그아웃한 후에 내 숙소를 검사해 보면 한참 아래에 나오거나 심지어 3~4페이지 뒤에 숙소가 나오기도 한다.

　이렇게 숙소가 첫 페이지에 노출되지 않고 뒤로 밀려날수록 내 숙소의 검색 조회 수와 예약률은 낮아지게 되며, 이는 수익률 악화의 원인이 된다.

로그아웃 후 뒤로 밀려난 숙소 예시

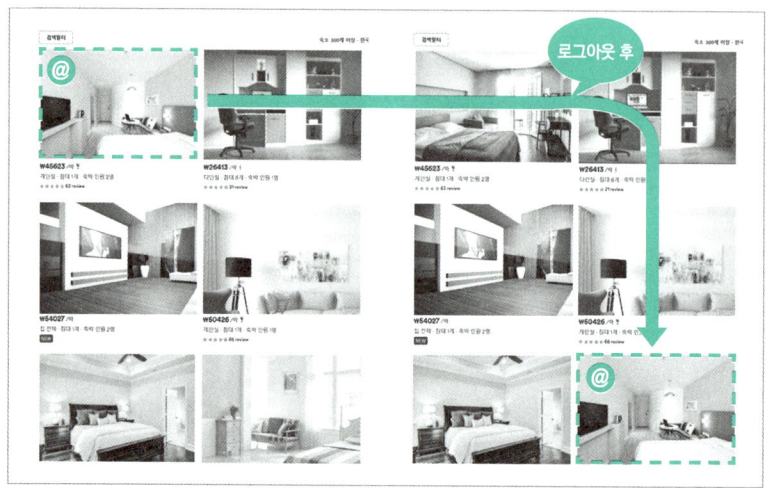

　쉽게 예를 들어서 화장품을 사기 위해 옥션, 지마켓 등의 오픈마켓에서 '화장품'을 검색한다고 해 보자. 사람들은 대부분 검색한 결과의 첫 페이지 또는 두 번째 페이지 안에서 가격을 비교해 보고 화장품을 구매한다. 즉 1~2페이지 안에서 구매가 결정되는 것이다.

　이와 마찬가지로 여행을 준비 중인 게스트가 에어비앤비 숙소를 살펴볼 때 1~2페이지 안에서 검색 노출이 안 되는 내 숙소를 보기 위해 뒤 페이지까지 클릭하는 수고로운 행동을 할까? 그럴 확률은 현저히 낮다. 따라서 숙소 등록과 함께 상위 노출을 해서 숙소의 노출 및 조회수를 높여야 예약률도 높아지고, 그로 인해 더욱 높은 수익을 기대할 수 있을 것이다.

상위 노출 후 매출 상승 예시(영등포 호스트 ANNE)

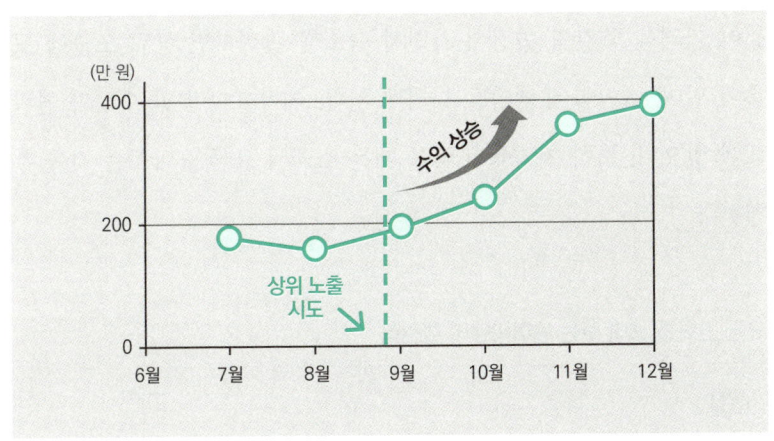

내 숙소의 지역이나 도시로 검색했을 때 에어비앤비 사이트의 첫 페이지 또는 페이지 상단에 검색 결과가 나타나는지 여부가 호스트에게 가장 중요하다고 할 수 있다.

이제 차근차근 검증된 상위 노출 방법과 검증되지는 않았으나 상위 노출에 영향을 준다고 여겨지는 요소들을 하나씩 적용해 가며 상위 노출에 대한 스킬을 익혀 보자.

숙박료 업데이트

달력의 숙박 요금을 ±1달러 또는 ±1,000원 정도씩 변경하면 좋다. 숙박 요금을 매일 변경하면 에어비앤비 시스템은 호스트가 모바일 앱이나 웹사이트에 자주 접속하면서 숙소를 성실히 관리한다고 생각해서 상위 노출 점수에 반영한다.

다음 달력을 보면 날짜별로 가격이 다르게 책정되어 있는데, 이와 같이 가격을 약간씩 변경해 가면서 숙소를 관리하면 상위 노출에 도움이 되며, 예약률에 영향을 미치게 된다. 예약률이란 곧 수익과 연관되어 있으니, 특히 예약률이 낮을 때는 소액씩 요금을 바꾸는 것을 추천한다.

요금 변화를 보여 주는 에어비앤비 캘린더

일	월	화	수	목	금	토
			1 ₩70,472	2 ₩70,472	3 ₩92,318	4 ₩92,318
5 ₩70,472	6 ₩70,472	7 ₩81,002	8 ₩81,002	9 ₩81,002	10 ₩106,113	11 ₩106,113
12 ₩81,002	13 ₩81,002	14 ₩81,002	15 ₩81,002	16 ₩81,002	17 ₩106,113	18 ₩106,113
19 ₩81,002	20 ₩81,002	21 ₩81,002	22 ₩81,002	23 ₩81,002	24 ₩106,113	25 ₩106,113
26 ₩81,002	27 ₩81,002	28 ₩81,002	29 ₩81,002	30 ₩81,002	31 ₩106,113	

사진 업데이트

에어비앤비에 숙소를 오픈하면 숙소 사진을 20장 이상 올려야 한다. 숙소 사진과 함께 화장실, 주방, 창문 밖 풍경, 구비 물품(세제, 욕실 용품, 수건 등) 등을 찍어서 올리면 숙소 상위 노출에 도움이 된다.

더 유익한 사진은 숙소 주변의 편의점, 약국, 병원, 공원 등을 찍은 사진이다. 이런 사진들은 게스트에게 숙소가 안전하다는 것을 간접적으로 보여 줄 수 있어서 예약률을 높이는 데 일조한다. 따라서 가끔 숙소 주변을 돌아다니며 찍은 사진을 한두 장씩 업데이트해 주면 좋다.

 또한, '리스팅 에디터'에서 '포토 투어'로 공간별 사진을 묶어서 관리하면 에어비앤비 시스템이 정리된 콘텐츠로 판단해서 노출 지수에 도움이 될 수 있다.

에어비앤비 전문 사진 촬영 서비스

에어비앤비에서는 공식적으로 전문 사진 촬영 서비스를 제공한다. 이를 이용하면 전문가가 찍은 숙소 사진을 올릴 수 있을 뿐만 아니라 숙소를 상위에 노출할 수 있다.

전문 사진 촬영을 요청하는 방법은 검색 엔진에서 '에어비앤비 전문 사진 촬영'을 검색하거나, 에어비앤비 사진 촬영 요청 및 관리 공식 사이트 'elevate.translated.com'에 접속해서 촬영을 요청하면 된다. 요청이 접수되면 며칠 내로 촬영이 진행되는데, 간혹 몇몇 지역의 숙소는 사진작가 수 혹은 사진작가의 스케줄에 따라 몇 개월을 기다려야 할 수도 있다. 그런데 이렇게 에어비앤비 공식 전문 사진 촬영을 한 숙소는 왜 상위 노출이 될까?

에어비앤비는 사진 촬영 서비스를 제공하는 동시에 직접 관리까지 진행하면서 사이트에 숙소 사진을 올려 준다. 그 이유는 아마도 투자를 했기 때문에 그만큼 수익을 거두기 위해서가 아닐까 싶다. 또한 전문가의 사진을 통해서 에어비앤비가 보장하는 멋진 숙소의 모습을 게스트에게 보여 주기 위해 상위 노출을 해 주는 게 아닌가 생각된다.

사진 촬영 요청이 승인되고 사진작가가 배정되면 에어비앤비 앱이나 문자로 촬영 일정 조율을 위한 연락이 온다. 이때 채광이 좋은 낮 시간으로 촬영 요청을 하는 것이 좋다. 또한 촬영 콘셉트나 숙소에서 부각하고 싶은 부분을 미리 준비해 두었다가 사진작가에게 설명하고 요청하면 더욱 좋은 결과물이 나올 것이다.

사진 촬영 절차

① 견적 수락하기

견적을 수락하면 사진 촬영 서비스가 시작된다. 에어비앤비에서 현지 사진작가를 섭외한 후 이메일로 안내해 주는데, 이 비용은 추후 게스트의 숙박비에서 차감되어 정산된다. 즉 사진 비용을 정산받기 위해서라도 예약이 꼭 들어올 것이라는 뜻이다.

※ 농어촌 지역 및 도서 지역을 비롯한 일부 지역은 서비스가 불가하거나 숙박비를 함께 요청할 수도 있다.

② 촬영 날짜 선택하기

원하는 촬영 날짜를 두 개 선택하면, 사진작가가 일정을 맞춰 준다.

※ 꼭 채광이 좋은 낮 시간대로 요청해야 한다. 시간대가 안 맞으면 다시 견적을 요청하는 것이 좋다.

③ 사진 촬영하기

담당 사진작가는 실제로 숙소에 머무는 것 같은 생생한 느낌을 전달할 수 있도록 숙소의 주요 특징을 중점으로 사진을 촬영한다.

※ 소품 배치 등은 작가에게만 맡기지 말고, 같이 상의하며 찍는 것이 좋다.

④ 사진 검토하기

사진 촬영이 끝나면 담당 팀에서 사진을 검토하고 보정한다.

⑤ 멋진 사진으로 숙소 페이지 완성

촬영된 사진이 업로드된 후에도 기존 사진은 삭제되지 않는다. 따라서 마음에 드는 사진이 게스트에게 제일 먼저 표시되도록 사진 순서를 재정렬하거나 포토 투어를 활용하는 것이 좋다.

※ 사진은 따로 보내 주지 않으니 하나하나 내려받아 두어야 한다.

별점과 리뷰

리뷰가 많을수록, 그리고 별점이 높을수록 상위 노출 지수를 높이는 데 도움이 된다. 물론 절대적으로 영향을 미치는 것은 아닐 수 있지만, 에어비앤비 호스트가 좋은 숙소와 서비스를 제공하면 이에 만족한 게스트가 좋은 리뷰를 쓰고 별점을 높게 줄 확률이 높다. 이는 '내 집처럼 편안한 숙소를 제공한다'는 에어비앤비의 서비스 취지와도 맞기 때문에 그 숙소가 상위 노출로 이어지는 것이라 생각한다.

숙소의 별점과 후기 현황

높은 후기와 별점은 상위 노출에 도움된다

에어비앤비 호스트를 시작하고 나서 한 달 정도는 수익을 얻는 데 매달리기보다 숙소를 마케팅하기 위한 기간이라고 생각하는 것이 좋다. 이 시기에 좋은 리뷰를 받아야 추후 운영에 많은 도움이 된다.

이러한 마케팅 기간에는 숙박료를 기존 가격의 60~70% 정도로 제공하면서 할인 중이라는 사실을 홍보하고, 그것을 보고 예약한 게스트가 체크인하러 숙소에 오면 직접 친근하게 응대하면서 우리나라 지도나 태극기가 그려진 간단한 기념품 또는 사과나 귤 같은 과일 등을 선물로 제공한다. 그러고 나서 체크아웃을 할 때 게스트에게 "좋은 후기를 부탁한다"라고 하면, 대부분 좋은 후기를 남겨 준다.

좋은 리뷰를 받는 또 다른 방법은 게스트에게 관심을 기울이고 원활하게 소통하는 것이다. 먼저 게스트가 우리나라에 도착할 즈음에 잘 도착했는지 연락을 한다. 그리고 중간중간 재미있게 여행하고 있는지, 숙소에서 지내는 데 불편한 점은 없는지 등을 물어본다. 마지막으로 체크아웃하기 전에 즐거운 여행이 되었는지 등의 인사를 나누며 좋은 후기를 부탁하면, 게스트는 커뮤니케이션이 잘되는 호스트라고 인식하면서 좋은 후기를 남겨 주는 경향이 있다.

호스트가 세심하게 게스트를 관리하고 챙기면 단순히 좋은 후기나 높은 별점을 받는 것을 넘어, 한국에 대한 긍정적인 이미지를 심어 줄 수 있다. 이를 통해 나의 게스트하우스뿐만 아니라 다른 호스트의 숙소 예약률도 높아진다면, 우리나라 관광 산업을 활성화하는 역할도 할 수 있을 것으로 생각한다.

체크인부터 체크아웃까지 게스트 관리 예시

체크인
- Welcome to Korea
  한국에서 즐거운 여행 하시기를 바랍니다.

여행 중
- 즐거운 시간을 보내고 계신가요?
  여행 중 궁금한 사항이나 불편한 점이 있으시면 언제든 호스트에게 연락 주세요.

체크아웃
- 한국 여행은 어떠셨나요?
  깨끗하게 이용해 주셔서 감사합니다.
  추후 여행 시에도 제 후기와 함께 환영받는 게스트가 되시길 바랄게요.
  다음 게스트를 위한 저희 숙소의 후기 부탁드릴게요.

신규 숙소 및 호스트

일반적으로 신규 호스트의 상위 노출은 호스트마다 차이가 있는데, 최초 호스팅 시작 후 3개월 정도의 시간이 주어진다. 이때를 놓치지 말아야 한다.

숙소를 등록하기 전에 모든 준비를 마치고, 숙소 등록 후에는 리뷰를 포함해서 각종 지표 관리에 집중하는 것이 신규 호스트가 최선을 다해서 해야 할 일이다.

'슈퍼호스트' 및 '게스트 선호' 숙소와 함께 상위 노출된 신규 숙소

빠른 응답 시간과 응답률, 높은 예약 이행률

상위 노출의 중요한 요소 중 하나는 응답률과 응답 시간, 그리고 예약 이행률이다.

여행을 준비하는 게스트는 숙소에 관한 전반적인 사항과 주변 정보 등을 빨리 알고 싶어 한다. 여행 계획을 세우고 정보를 얻고자 하는 게스트 입장에서 문의에 대한 답변이 늦어지면 이미 다른 숙소를 예약해 버릴 확률이 높아진다. 에어비앤비의 공식적인 응답 시간은 24시간 이내이지만, 에어비앤비에서 문자가 오면 가능한 한 1시간 이내로

응답해 주는 것이 좋다. 빠른 응답은 게스트하우스 운영자가 해야 할 기본적인 고객 서비스라고 생각한다.

또한 게스트를 골라서 받지 않는 높은 예약 이행률과 게스트의 문의에 빠지지 않고 답해 주는 응답률이 상위 노출 점수에 지대한 영향을 끼친다.

이렇게 누적된 응답률과 예약 이행률, 응답 시간은 호스트의 자산으로 남는 수치이니 항상 신경 써야 한다.

호스트의 각종 지수 현황

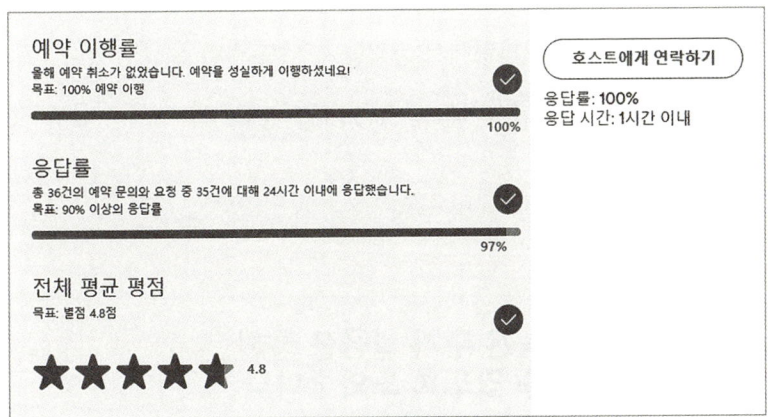

check   응답률, 예약 이행률, 응답 시간

응답률: 게스트의 예약 문의 및 문자에 답해 주는 지수(단위: %)
예약 이행률: 게스트의 예약 요청에 답해 주는 지수(단위: %)
응답 시간: 게스트의 문의에 답변하는 시간(단위: 시간)
※ 응답 시간은 게스트의 최초 문의부터 답변까지 걸리는 시간만을 평균한다.

즉시 예약

즉시 예약Instant Booking은 게스트가 호스트에게 승인받을 필요 없이 바로 예약 확정이 가능하게 한 기능으로, 에어비앤비 상위 노출에 가장 큰 영향을 미치는 지수다. 여행을 계획 중인 게스트가 에어비앤비에서 즉시 예약을 하면 다른 플랫폼을 통해 예약하는 것을 방지할 수 있기 때문이다. 실제로 홈어웨이HomeAway나 VRBO 등 다른 숙박 공유 업체들 역시 즉시 예약을 상위 노출 조건으로 걸고 있다.

즉시 예약을 옵션으로 해 놓은 숙소에는 번개 모양의 즉시 예약 표식을 달아서 게스트에게 즉시 예약이 가능한 숙소임을 알려 주며, 즉시 예약이 가능한 숙소만 필터링해서 검색할 수 있도록 한 옵션도 있다.

에어비앤비에서는 공식적으로 즉시 예약의 효과에 대해 다음과 같이 설명하고 있다.

즉시 예약 기능의 효과

즉시 예약 기능은 추가 설정을 통해 수익을 높일 수 있도록 도와줍니다.

수익 증가
게스트는 즉시 예약할 수 있는 편리함을 좋아합니다. 그렇기 때문에 호스트는 즉시 예약 기능 추가만으로 두 배의 예약률을 경험하기도 합니다.

배타적 결정권
게스트에게 정부 발급 신분증 제시를 요청하거나 다른 호스트의 추천을 받은 게스트만 예약을 허용하도록 설정할 수 있습니다.

검색 증가
예약 기능이 있는 숙소는 배지로 차별 표시될 뿐 아니라 검색 결과에서도 우선적으로 배치됩니다.

편안한 마음
회원님의 숙소에 대한 이용 규칙을 설정하세요. 회원님은 게스트가 숙박 전 또는 숙박 기간 중 숙소 규칙을 어기는 경우 페널티 없이 예약을 취소하실 수 있습니다.

조회 수 및 위시리스트

숙소의 조회 수가 높을수록, 그리고 숙소가 게스트들의 위시리스트에 많이 저장될수록 상위 노출에 영향이 있으리라 생각한다. 하지만 에어비앤비에서는 공식적으로 위시리스트의 수치가 상위 노출에 영향이 없다고 답변했다.

에어비앤비의 답변대로라면 '내 관심 리스트' 등의 메뉴만 만들면 될 텐데, 왜 굳이 숙소의 인기를 통계해 볼 수 있도록 해 놓았을까? 결국 위시리스트는 상위 노출과 관련 있는 수단 중 하나가 아닌지 의심해 보지 않을 수 없다. 이 때문에 많은 호스트는 지금도 위시리스트 개수를 늘리기 위해 여러 가지 노력을 기울이고 있다.

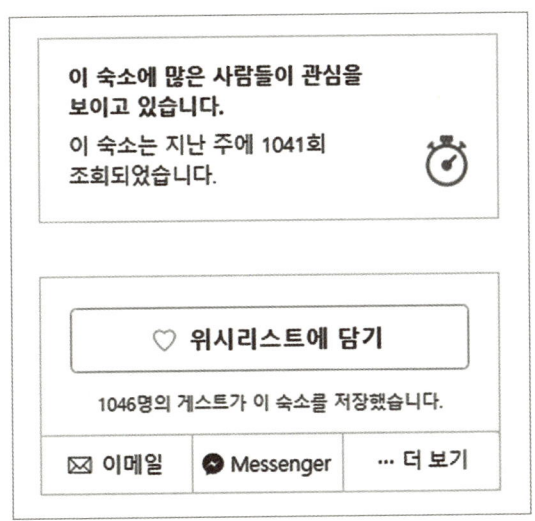

스마트 요금

숙소의 공실을 줄이고 예약을 늘리기 위해서 만들어진 것이 스마트 요금이다. 스마트 요금을 간단히 설명하면, 주변의 숙소 비용과 예약률에 따라서 유동적으로 내 숙소 요금이 바뀌는 것이다. 즉 스마트 요금을 적용한 숙소를 에어비앤비 리스트 최상단으로 올려서 우선하여 게스트에게 추천할 수 있다.

스마트 요금을 사용하더라도 발렌타인데이나 크리스마스이브 등의 성수기 특별 요금은 반영되지 않으므로, 특별한 날에는 숙소 요금을 개별적으로 변경해 주어야 한다.

스마트 요금 반영 예시

전략적으로 상위 노출 반영하기

앞서 살펴본 여러 가지 공식·비공식 숙소 상위 노출 방법을 정리하면 다음과 같다.

공식	비공식
• 성실한 숙소 요금 업데이트 • 성실한 사진 업데이트 • 무료·유료 전문 사진 촬영 서비스 • 별점과 리뷰 • 신규 숙소 및 호스트 • 빠른 응답 시간, 응답률, 예약 이행률 • 다양한 인증 • 즉시 예약	• 조회수 및 위시리스트 • 스마트 요금

상위 노출을 위해서는 공식·비공식 방법을 가리지 않고 모든 수단을 동원해야 '높은 예약과 수익률'이라는 두 마리 토끼를 잡을 수 있다.

지금까지 알아본 숙소 상위 노출의 방법을 종합해서 전략적으로 진행하려면 다음과 같은 프로세스가 도움이 된다.

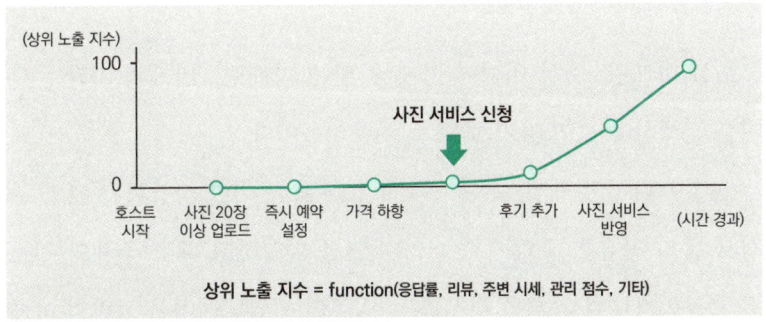

※ 이 분석은 플랫폼 업체의 공식 발표가 아니며, 순서 및 지역에 따라 다르게 진행될 수 있다.

상위 노출은 기본적으로 호스트의 성실성에 기반을 두고 응답률, 리뷰, 응답 시간 등의 종합적인 함수function에 의해서 결정된다. 이는 신규 호스트뿐만 아니라 숙소를 잘 운영하는 호스트에게도 항상 따라다니는 숙제와도 같으니, 관심을 가지고 반드시 스킬을 익혀야 한다.

소셜 미디어 마케팅

소셜 마케팅, 소셜 미디어 마케팅, SNS 마케팅. '마케팅'이라는 단어를 검색하다 보면 많이 보고 듣는 용어들이다.

소셜 미디어 마케팅Social Media Marketing이란 다양한 정보와 관심사 등의 공유를 통해서 고객의 니즈를 파악하고 홍보 주체의 정보를 제공함으로써 관계를 형성하는, 일종의 커뮤니케이션 기반의 마케팅을 뜻한다.

에어비앤비를 통해서 게스트하우스, 펜션, 호텔 등의 숙소를 운영하다 보면 소셜 마케팅이 굉장히 중요하다는 사실을 알게 된다. 예를 들어 내가 페이스북이나 인스타그램 등에서 숙소를 계속 홍보하면, 해당 SNS 이용자들이 게시물을 공유하고 댓글을 달면서 내 숙소가 자동으로 노출된다. 또한 홍보 게시물에 해시태그hashtag를 사용해서 '#seoul' '#guesthouse' 같은 키워드를 추가하면 구글, 빙, 야후 등의 검색 엔진에서 해당 단어를 입력했을 때 내 숙소도 검색될 수 있다.

이렇게 SNS에 올린 홍보 게시물을 본 사람들이 다이렉트 메시지 Direct Message, DM를 보내서 예약이 이루어지기도 한다. 이처럼 소셜 미디어는 부가적인 홍보 수단의 역할을 한다. 따라서 에어비앤비 호스트는 더 많은 수익을 올리기 위해서라도 소셜 마케팅을 통해 자신의 숙소를 홍보해야 한다.

하지만 소셜 마케팅은 한순간에 이루어지는 것이 아니다. 꾸준하고 지속적인 관리가 필요하다. 에어비앤비 호스트가 활용할 수 있는 주요 소셜 미디어로 페이스북·인스타그램·트위터(현 X) 등이 있는데, 우선 내 숙소에 방문하는 게스트는 무조건 친구를 맺도록 해야 한다.

숙소를 방문한 게스트는 한번 스쳐 지나가는 사람일 수도 있지만, SNS를 통해서 친구를 맺고 잘 관리해 나가면 영원한 고객이 될 수도 있다. 소셜 미디어로 계속해서 소통하다 보면 종종 진짜 친구가 되기도 한다. 이렇게 생긴 외국인 친구 한 명 한 명이 내 숙소의 홍보 대사이자 역사가 되는 것이다.

스마트폰이 발달한 요즈음은 앱을 통해서 바로바로 친구 추가를 할 수 있고, 게시물을 작성해서 올리는 일도 언제 어디서나 쉽게 가능하므로 SNS를 적극적으로 활용하도록 하자. 게스트가 숙박할 방의 책상이나 벽에 SNS 주소를 적어 놓으면 자연스럽게 친구 리스트에 추가가 될 것이다.

다양한 소셜 미디어

'쉐어&하우스 연구소'에서 활동하는 일부 호스트들의 말에 따르면, 숙소에 머물렀던 게스트들과 친구를 맺어 놓으면 그들을 통해서 또 다른 친구를 소개받는 일이 많다고 한다. 또한 호스트가 페이스북과 인스타그램 등에 올린 사진을 보고 오랫동안 연락이 끊겼던 친구가 그 숙소에 머물렀다는 사실을 알게 되어 다시 만나게 된 일도 있었다. 이처럼 소셜 미디어는 전 세계를 하나로 묶어 주는 역할도 한다.

  SNS를 통해 친구가 되어서 내 숙소를 알리는 것만큼 중요한 일은 꾸준히 게시물을 올리는 것이다. 제대로 소셜 마케팅을 하려면 게스트하우스 정보를 꾸준히 포스팅하는 것이 무엇보다 중요하다. 숙소 사진을 비롯해 숙소에 방문했던 게스트들과 함께 찍은 사진이나 그들이 여행을 다니며 공유해 준 사진 등을 부지런하게 SNS에 업로드하면서 게스트하우스를 홍보해야 한다.

　게스트하우스용 인스타그램, 페이스북, 트위터 등의 소셜 계정을 만든 후 처음에는 숙소 주변의 멋진 식당이나 카페, 공원 등의 사진을 올리며 여행에 도움이 될 정보를 공유한다. 그다음 게스트가 방문하기 시작하면 함께 찍은 사진 및 여행 사진 등을 올리는 것이 좋다. 물론 사진을 업로드하기 전에 당사자에게 허락을 받아야 하는데, 소셜 계정을 통해서 이미 친구 추가를 완료했다면 사진을 올리는 것에 대한 별도 허락이 필요하지 않다. 내가 올리는 사진 등이 상대방에게도 보이기 때문이다.

소셜 미디어 마케팅 예시

앞서 말했듯이 소셜 마케팅 작업은 꾸준하게 해야 한다. 그리고 특히 주목해서 볼 것은 해시태그다. 앞의 '소셜 미디어 마케팅 예시'의 해시태그를 보면 #guesthouse, #seoul, #airbnb 등이 달려 있다.

이러한 해시태그를 지속적으로 달아 두면 구글과 같은 검색 엔진에서도 내가 쓴 글이 검색되어 한국 여행을 준비 중인 해외 관광객이 볼 수 있다. 또한 인스타그램은 같은 해시태그를 사용한 글을 한꺼번에 검색할 수 있어서 이용자가 해당 단어를 입력하면 모두 검색된다.

check   **해시태그**

블로그, 트위터, 인스타그램, 페이스북 등의 게시물에 달리는 대표적 단어의 꼬리표 같은 것이다. 특정 단어에 해시hash를 붙이는 것으로, 연관 정보를 한꺼번에 묶는 기능을 한다. 해시 기호(#)와 꼬리표를 뜻하는 태그tag가 합쳐져서 만들어진 단어다.

해시태그는 관련 정보를 한꺼번에 묶어서 커뮤니케이션하는 역할로 사용되었으나, 현재는 검색에 반영되는 등 소셜 미디어 또는 검색 엔진에서 다양한 용도로 사용된다.

이런 소셜 마케팅의 결과는 다음 사진과 같이 DM을 통한 게스트하우스 예약으로 이어지기도 한다. SNS 메시지로 문의가 오면 에어비앤비 또는 다른 여행 플랫폼의 링크를 알려 주거나 페이팔 등으로 직접 송금을 받아서 숙소 예약을 마무리 지으면 된다.

DM의 예시

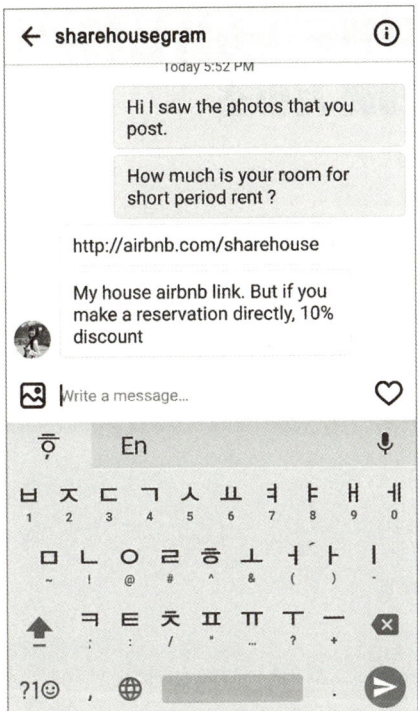

Chapter 7 숙소 홍보하기

브랜딩 가치를 높이는 체험 서비스

'에어비앤비 체험'은 현지인이 진행하는 특별한 액티비티로, 여행객에게 숙박을 제공하는 것과 더불어 숙소 주변에서 즐길 수 있는 독특하고 재미있는 탐험 또는 여행의 기회를 주는 것을 의미한다.

창업 이후 폭발적 성장을 이끌어 낸 에어비앤비는 수년간 여행객에게 '현지인처럼 살아 보는 Live like local' 기회를 통해 풍부한 여행 경험을 제공하는 데 집중해 왔다. 2016년에는 체험 중심의 여행 서비스를 런칭하기도 했다. 코로나19 팬데믹으로 주춤했던 시기도 있었지만, 에어비앤비는 2024년 중순부터 다시금 체험 호스트를 모집하기 시작했다.

에어비앤비 호스트들이 제공하는 다양한 체험

쿠스코에서 고대 잉카 사원을 둘러보는 승마 탐방을 이끄는 아놀드 님

로스앤젤레스에서 자동차 튜닝 기술을 전파하는 라이언 님

베니스비치 보드워크에서 롤러스케이트 기술을 가르치는 얼리사 님

에어비앤비 자체 검색 결과 및 판테라 리서치Panterra Research의 설문조사에 따르면, 전 세계 여행자들이 가장 많이 검색하는 키워드는 '해변'인 것으로 나타났다. 설문조사에 응답한 사람 중 절반 가까이 (49%)가 해변을 선호하는 여행지로 꼽았다. 이러한 선호도에 따라 국내로 여행을 오는 외국인 관광객도 강원도, 부산, 제주도 등 해변에서 다양한 활동을 즐길 수 있는 곳을 찾는 현상이 증가하고 있다.

또한 외국인 여행객이 우리나라에서 즐기기를 원하는 체험으로는 다음과 같은 미식 여행이 주를 이룬다고 한다.

- 한국 드라마 및 영화 속 주인공처럼 서울의 로컬 식당 체험
- 서울에서 즐기는 차tea 여행
- 소믈리에와 함께 막걸리 양조 과정을 배우고 시음하는 체험
- 한국 요리 및 김치를 직접 만드는 쿠킹 클래스

- 전통 시장 탐방 및 전통 음식 체험

이 외에 외국인 관광객이 우리나라에서 경험하기를 원하는 체험은 다음과 같다.

- 한국의 자연 경치 관광 및 산행, 그리고 템플스테이
- 도예가에게 배우는 도자기의 역사 및 도자기 만들기 체험
- 케이팝 아이돌 체험 및 댄스 배우기
- 한국식 화장 및 미용 체험
- 한국 역사학자와 함께하는 도보 투어

에어비앤비를 통해 경험할 수 있는 체험의 종류

체험 서비스를 한발 떨어져서 바라보면 세계적인 소믈리에, 프

관광 가이드, 미슐랭 요리사 같은 전문가만 운영할 수 있는 것처럼 여겨지지만 실제로는 전문적인 경력이나 타이틀보다 호스트만의 이야기를 발판으로 운영되는 사례가 많다.

예를 들어 광장시장 가까이에서 숙소를 운영하며 시장 투어를 진행하는 호스트도 있고, 망우동에 살면서 저녁 시간에 한강에서 러닝 프로그램을 운영하며 함께 경치를 즐기고 인근을 소개해 주는 호스트도 있다. 또한 지방에서 백반집을 하는 부모님과 공동으로 숙소를 운영하면서 유명해진 호스트도 있다. 숙소에서 맛볼 수 있는 솜씨 좋은 가정식 백반은 일상적인 한국 문화를 경험하고 싶어 하는 여러 외국인 관광객에게 특별한 추억으로 남았고, 결과적으로 한국인 관광객의 관심까지 이끌어 한 지역의 숙박 및 시장을 매우 활성화시켰다.

에어비앤비 체험 호스트의 기준

본인 인증

에어비앤비 플랫폼 이용을 위한 본인 인증이 완료된 호스트로, 경우에 따라서 신원 조회 및 기타 검증 절차를 통과해야 한다.

인허가, 면허 또는 자격증

호스트는 체험 활동에 적합한 인허가, 면허, 보험, 자격증 등을 보유하고 있어야 한다(투어 전문 호스트라면 투어 가이드 자격 또는 스킨스쿠버 면허 등이 있어야 하고, 한의학 체험을 제공하는 호스트라면 한의학 자격증을 갖춰야 하는 것처럼 특정 면허 및 자격이 필요한 사례에 해당). 또한 필요한 경우 증빙 서류를 제출해야 한다.

지식

호스트는 해당 분야에서 정식 교육을 받았거나 학력, 수습 이력, 가족 전통 등 기타 관련 배경이 있어야 한다. 에어비앤비에 제출한 이력은 필요에 따라 진위 확인을 위해 학력, 경력, 수상 및 표창 내역의 인증을 요청할 수 있다.

활동

체험 활동은 현지 문화나 요리, 주민들과 연관성이 있어야 한다. 또한 게스트가 체험 활동에 적극적으로 참여하고, 호스트 및 다른 게스트와도 활발하게 소통할 수 있는 분위기를 조성해야 한다.

장소

체험 진행 장소는 안전하고 청결하고 쾌적해야 하며, 체험 활동을 제대로 완료하는 데 필요한 기능과 시설을 모두 갖춰야 한다.

서비스 및 체험 리스팅 게시 전 필요 사항

에어비앤비는 2025년 여름, 체험 서비스를 좀 더 확장해서 다양한 '서비스Services'와 '체험Experiences'을 제공하는 업데이트를 진행했다. 게스트는 예약한 숙소에 머무르는 것 외에도 '에어비앤비 서비스'를 통해 셰프·트레이너·마사지사 등 여러 분야의 전문가가 제공하는 서비스를 경험할 수 있고, '에어비앤비 체험'을 통해 지역을 잘 아는 현지인과 함께하는 생생한 체험을 경험할 수 있다.

에어비앤비에서는 이러한 서비스와 체험이 에어비앤비 기준에 부합하는지 확인하기 위해 검증을 한다. 서비스나 체험을 호스팅하려면, 호스트와 리스팅이 다음 기준과 요건을 충족해야 한다.

서비스 및 체험 호스트 기준

- **본인 인증 및 신원 조회**: 호스트는 에어비앤비의 본인 인증 절차를 완료해야 하며, 경우에 따라 범죄 이력 조회나 기타 검증 절차를 거칠 수 있다.
- **인허가, 면허 또는 자격증**: 호스트는 '서비스'와 '체험' 활동에 적합한 인허가·면허·보험 및 자격증을 보유해야 하며, 이를 증명하는 서류를 제출해야 할 수 있다(서울 관광지 투어를 위한 투어 가이드 면허, 스킨스쿠버 및 요트 체험을 위한 자격증, 침술 및 한의학 체험을 위한 한의학 의사 면허 등).

서비스: 기본 기준

- **경력**: 관련 분야에서의 경력 2년 이상이 요구된다(포트폴리오, 학위, 경력 증명 등의 다양한 검증이 있을 수 있다). 단, 요리 학위가 없는 셰프의 경우 5년 이상의 경력이 필요하다.
- **평판**: 호스트는 직업적인 면에서 우수한 평판을 유지해야 하며, 이는 우수한 게스트 피드백 등을 통해서 판단할 수 있다. 수상

경력, 언론·출판에 소개된 이력이나 기타 표창 이력도 고려 대상이다.
- **포트폴리오**: 사진 촬영, 셰프, 케이터링, 간편식, 퍼스널 트레이닝, 헤어 스타일링, 메이크업, 네일 서비스의 경우 호스트의 경력을 보여 주는 사진 포트폴리오가 필요하다.

서비스: 리스팅 기준
- **사진**: 화질이 우수한 컬러 사진을 최소 5장 제출해야 한다. 그중 제공 상품별로 서비스를 명확하면서도 현실적으로 보여 주는 사진이 1장씩은 있어야 한다. 다만 사진 촬영 리스팅은 포트폴리오 사진을 15장 이상 제출해야 하며, 마사지 및 스파 리스팅은 에어비앤비에서 선택한 사진을 사용해야 한다. 하지만 이 모든 기준은 가이드라인일 뿐이므로 유사한 서비스 리스팅을 참조해서 20장 이상의 사진을 제공하는 것이 좋다.
- **이름**: 어떤 서비스를 누가 제공하는지, 또는 어디서 진행하는지 설명하는 정확한 제목이 중요하다.
- **전문성**: 서비스를 제공하는 호스트의 특장점과 자격 사항을 설명한다. 명확하고 간결하면서도 구체적으로 작성하는 것이 좋다.
- **제공 상품**: 리스팅당 제공 상품은 최소 3가지(기본, 스탠더드, 프리미엄)가 있어야 한다. 예를 들어 기본요금 상품은 50달러 이하에 시간이 짧거나 간소화된 서비스를 제공하고, 프리미엄 상

품은 금액대가 가장 높은 상품, 스탠더드 상품은 기본과 프리미엄의 중간 가격대로 설정할 수 있다(하지만 운영하다 보면 필수가 아닌 옵션이 되기도 한다). 제공 상품별로 각기 다른 이미지가 필요하며, 섬네일로 작게 보이더라도 이미지를 쉽게 알아볼 수 있어야 한다. 제공 상품별 설명에서는 게스트가 잘 알 수 있도록 사용되는 재료, 기술 등을 구체적으로 밝히는 것이 좋다.

체험: 기본 기준

- **지식**: 호스트는 정식 교육을 받았거나 기타 관련 배경(학력, 훈련 또는 수습 이력, 가족의 배경이나 전통 등)이 있어야 한다.
- **활동**: 체험 활동이 해당 지역의 특성과 연결되어 있어야 하며 현지 문화, 요리, 주민과 연관성이 있어야 한다. 그리고 호스트는 게스트와 소통할 수 있어야 한다.
- **장소**: 체험 진행 장소는 안전하고 청결하고 쾌적해야 하며, 체험 활동을 제대로 완료하는 데 필요한 기능과 시설을 모두 갖춰야 한다. 또한 일반적으로 체험 활동에 사용되는 장소여야 하며, 체험 참여 인원수에 적절한 크기여야 한다.

체험: 리스팅 기준

- **사진**: 화질이 우수한 컬러 사진을 최소 5장 제출해야 하며, 체험을 명확히 보여 주기 위해 필요하다면 사진을 더 추가해야 한다.

- **이름**: 체험에서 가장 중점이 되는 부분을 포함하고, '탐방' '발견하기' '맛보기' 등과 같이 체험에서 하게 될 행동을 설명하는 말로 끝맺는 것이 좋다.
- **설명**: 이름에 담긴 내용을 보충한다는 생각으로, 체험의 매력을 부각하고 체험 내용을 잘 드러내는 문구와 표현을 사용한다.
- **일정표**: 게스트가 체험 내용을 정확히 파악하고 자신에게 적합한지 판단할 수 있도록 처음부터 끝까지 진행될 활동을 순서대로 나열해서 설명해야 한다. 활동은 반드시 하나 이상 포함되어야 하고, 리스팅당 5개까지 작성할 수 있다.

얼핏 보면 무시무시한 요구 사항이 아닐 수 없다. 20%의 수수료도 엄청나게 커 보인다. 하지만 게스트 입장에서는 무리라고 볼 수만은 없다. 당연히 호스트의 신상은 확실해야 하며, 노련한 전문가의 향기가 나야 한다. 숙박은 숙소 한 개 가격으로 책정되는 반면에 체험 서비스는 적게는 여러 명부터 많게는 수십 명까지 다수의 사람에게 비용을 부과하기에 수익이 커질 수 있다. 수익이 크면 비싼 수수료도 충분히 감당할 수 있다는 생각이 들 것이다. 1박 2일 묶는 숙박료와 비교했을 때 상대적으로 비싼 체험에서 얻는 수익은 숙박료를 압도할 수 있기 때문이다.

간단하게 설명하자면 서울 북촌의 토박이인 부모님이 20년간 운영한 식당에서 3년간 일을 도운 것으로 에어비앤비 체험 호스트 자격을 얻을 수도 있다는 말이다(식당을 운영하는 부모님과 공동 호스트). 이처럼 체험 호스트가 되는 것은 언뜻 어려워 보이지만 막상 시도해 보면 수월하게 진행되는 사례도 많다. 게다가 일단 시작하면 숙소의 예약률을 높이고, 더 나아가 한 지역을 살리는 엄청난 수단이 되기도 한다.

소셜 마케팅을 하면서 체험 서비스를 운영하면 자연스럽게 홍보가 되는 동시에 소개를 통한 예약이 늘어날 것이다. 이뿐만 아니라 다양한 협찬 상품, 홍보 수익 등의 기타 이익을 창출할 수도 있다. 그리고 무엇보다 중요한 것은 브랜딩 가치를 높일 기회가 된다는 점이다.

에어비앤비 체험 및 서비스는 숙소 등록처럼 획일화된 개념이 아니라, 숙소 이용자에게 현지의 독특한 문화와 다양한 경험을 제공하는 일이기에 잘 운영한다면 나만의 경쟁력을 갖출 수 있는 최고의 마케팅이 될 것이다.

에어비앤비 사이트에 새롭게 업데이트된 '체험'과 '서비스'

Chapter 8

경쟁력 있는 숙소 운영을 위한 서비스

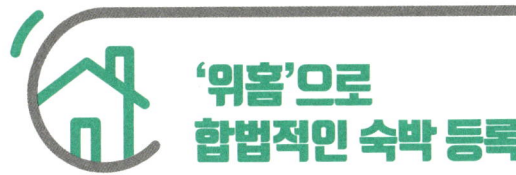

'위홈'으로 합법적인 숙박 등록

위홈 홈페이지 화면

위홈Wehome은 국내 공유숙박 플랫폼 기업인 코자자KOZAZA에서 시작되었다. 코자자의 운영 노하우와 블록체인 기술을 결합해서 위홈을 만들어 낸 것이다. 그렇게 시작된 위홈은 현재 대한민국 정부가 공인한 합법 공유숙박 플랫폼이다. 2020년부터 규제샌드박스 실증특례 제도를 통해 내외국인 모두에게 안전하고 경제적인 숙박 서비스를 제공하며, 합법적인 국내 공유숙박 시장을 개척하고 있다.

위홈의 장점은 검증된 호스트와 유연한 취소 정책, 저렴한 수수료 등을 갖추고 있다는 것이다. 또한 대한민국 정부 및 서울시 등과 협력하여 '대한민국 숙박세일 페스타'를 비롯해 다양한 숙소 이벤트를 진행하고 있어 특별한 숙소를 가진 호스트와 저렴한 가격에 숙소를 이용하려는 게스트 모두 혜택을 받을 수 있다.

※ 2025 현재 외국인 관광 도시민박업(외도민업)은 수수료가 없으나, 비외국인 관광 도시민박업(비외도민업)은 5%의 수수료가 있다.

공유숙박 실증특례 기업

'공유숙박 실증특례'란

'실증특례'는 아직 입증되지 않은 신기술이나 서비스를 제한된 조건하에서 시험하고 검증할 수 있도록 관련 규제를 일시적으로 완화해 주는 제도. 공유숙박 분야는 그중에서도 'ICT 규제샌드박스' 실증특례가 적용된다. 온라인 플랫폼을 기반으로 운영되는 공유숙박업의 특성상 정보통신기술을 바탕으로 하고 있기 때문이다.

위홈은 정부의 ICT 규제샌드박스 실증특례 기업으로 지정되어

2020년부터 내외국인 모두에게 합법적인 공유숙박 서비스를 제공하고 있다. 실증특례를 통해서 검증되었기에, 정부의 임시 허가 전환 승인을 받아 관련 법령이 제도화될 때까지 특례 사업을 지속할 수 있다.

공유숙박 임시 '허가' 기업

ICT 규제샌드박스를 통해 공유숙박 실증특례 기업으로 검증을 마친 위홈은 '공유숙박 임시 허가 기업'으로 승격되었다. 정부가 인정한 공식적인 공유숙박 플랫폼이 된 것이다. 이에 따라 위홈의 호스트는 공유숙박 실증특례 조건을 넘어 허가된 공유숙박 사업을 할 수 있게 되었다. 공유숙박 허가는 실증특례와 달리 2년 사업 기한이 없고, 제도화 방향에 따른 규제 완화 혜택 등이 가능하다.

실증특례·허가 주요 내용

실증 내용

'내외국인 공유숙박 서비스'가 가능하도록 내국인을 대상으로 도시민박을 중개할 수 있게 실증특례 부여

실증 범위

전체 호스트를 4,000여 명 이내로 하며(호스트 주소는 행정 구역상 '서울특별시' '부산광역시'로 한정), 호스트별 영업 일수는 연간 180일 이내로 운영

대상

기존 외국인 관광 도시민박업 호스트, 신규 비외국인 관광 도시민박업 호스트

숙박일

- 외국인 관광 도시민박업 특례 호스트: 기존 365일 외국인 숙박에 내국인 180일 추가 숙박 가능
- 비외국인 관광 도시민박업 신규 호스트: 내외국인 대상으로 180일 영업 가능

실증특례·허가 호스트가 되는 방법

특례 신청

- 외국인 관광 도시민박업 호스트: 위홈에서 숙소 등록 후 외국인 관광 도시민박업 지정증을 업로드해서 허가 신청을 할 수 있다. 2025년 현재 숙소가 허가 지역(서울 및 부산)에 있지 않아도 위홈에 숙소 등록을 하고 허가 신청을 하면 외국인 대상 예약을 받을 수 있다.
- 비외국인 관광 도시민박업 호스트: 외국인 관광 도시민박업에 등록하지 않은 신규 호스트를 대상으로 하며, 위홈의 심사를 거쳐서 공유숙박업 등록을 처리한다. 신규 호스트는 호스트 명의의 사업자 등록증을 제출해야 한다.

심사 및 특례증 발급

위홈은 ICT 규제샌드박스의 취지에 따라 특례 신청이 조건에 부합하는지 확인한다. 위홈 내부의 심사를 거쳐서 등록 여부를 최종 결정하며, 특례 지정이 된 호스트에게는 특례증을 발급한다.

특례 유지 조건

공유숙박 실증특례 호스트는 정부가 정한 특례 조건(안전 사항 유지 및 정상 영업, 정확한 호스트 정보 등)과 공유숙박 실증특례·허가 운영 정책을 따라야 한다. 특히 타 플랫폼에서 예약을 받을 경우, 해당 플랫폼에 실증특례 고지를 하고 위홈 달력과 숙소 정보를 연동해야 하며 위홈이 정한 부가 조건(가격 정보 등)을 만족하도록 협력해야 한다.

에어비앤비의 협력사, 미스터멘션

미스터멘션 홈페이지 화면

미스터멘션Mr.mention은 '한 달 살기' 문화를 대중화하며 장기 숙박 전문 플랫폼으로 자리매김하기 시작했다. 제1호 부산 관광 스타기업으로 선정된 바 있으며, 문화체육관광부와 한국관광공사가 공동 주최한 '관광 기업 이음주간' 데모데이에서 인구 감소 지역 활성화를 위한 아이디어를 제시해 우승을 거두면서 경쟁력을 입증하기도 했다.

2024년에는 ICT 규제샌드박스 실증특례 기업으로 지정되어 위홈과 마찬가지로 내외국인 모두에게 합법적인 공유숙박 서비스를 제공할 수 있게 되었다. 최근에는 국내 OTA 플랫폼 최초로 글로벌 기업 에어비앤비와 MOU(업무협약)를 체결하며 공식 파트너로 협력하고 있다.

코로나19 팬데믹 이후 '한 달 살기' '워케이션' '공유숙박' 등의 트렌드를 이끌어 온 미스터멘션이 이번에는 단기 임대 시장에서 지배력을 확대하기 위해 '단기 임대 호스트 수수료 0%'를 내세우며 플랫폼의 입지를 키워 나가고 있다.

미스터멘션의 주요 특징

공공기관과 협력하는 안전한 특례 운영 플랫폼

문화체육관광부, 과학기술정보통신부, 서울 및 부산 지자체 등과의 협력을 통해 검증된 특례 운영 시스템을 제공한다.

한국민박업중앙회 인증 안심 숙소

미스터멘션 특례증을 발급받으면 소방안전 시설을 완비한 사단법인 한국민박업중앙회 공식 인증 안심 숙소로 지정된다.

특례 숙소 전용 보험

미스터멘션은 현대해상, 메리츠화재 등 국내 주요 보험사로부터 안정성을 공식적으로 인정받아 특례 기업 중 유일하게 특례증을 통해 외국인 관광 도시민박업 관련 화재보험 및 배상책임보험에 가입할 수 있다.

에어비앤비 공식 협력사

세계 최대의 공유숙박 플랫폼인 에어비앤비와 MOU를 체결하며 합법적인 공유숙박 플랫폼 시장을 이끌어 가고 있다.

외국인 관광 도시민박업과 미스터멘션·위홈의 특례 사항 비교

	외국인 관광 도시민박업	위홈 특례	미스터멘션 특례
숙박 대상	외국인	내외국인	내외국인
지역	전국 도시 지역	서울, 부산	서울, 부산
숙박 가능 일수	외국인 연 365일 (내국인 제한)	외국인 연 365일, 내국인 연 180일	외국인 연 365일, 내국인 연 180일
연식 등의 조건	지역별 조건 상이	지역별 조건 상이	지역별 조건 상이
주변 세대 동의	필수	필수	필수
기타 숙박 등록 (에어비앤비 등)	가능 (허가증 및 사업증)	가능 (특례증 및 사업증)	가능 (특례증 및 사업증)

호스트들의 커뮤니티

'쉐어&하우스 연구소(cafe.naver.com/imyouna)'는 호스팅을 준비하는 사람들이 모여서 이야기를 나누고, 숙소를 운영하고 있는 호스트들의 네트워크를 형성하기 위해 만들어진 인터넷 카페다.

이들은 '쉐어&하우스 연구소'에서 공유경제와 공유숙박업의 최신 동향에 대한 정보를 공유하고, 숙소 운영에 필요한 지식을 나눈다. 특히 숙소를 운영하는 호스트라면 결코 피해 갈 수 없는 숙소 청소, 게스트 확보 및 관리 등에 관한 다양한 꿀팁을 나누고 있다. 또한 온라인에서만 소통하는 것이 아니라 오프라인 정모 자리를 마련해서 인테리어와 세금에 관한 세미나 및 여행 플랫폼 업체 세미나 등의 기회를 제공하며 공감대를 형성하고 있다.

다양한 지식과 정보를 갖춘 준비된, 그리고 경쟁력 있는 호스트가 되기 위해 이와 같은 커뮤니티를 활용해 보자.

쉐어&하우스 연구소 사이트 화면

　'쉐어&하우스 연구소'는 다음 내용의 게시판들로 구성되어 있다.

- 칼럼: 호스트가 되어 숙소를 운영할 때 필요한 다양한 스킬과 실제 운영 노하우 및 각종 뉴스 등을 안내한다.
- 꿀팁: 숙소를 운영하다 보면 피할 수 없는, 각종 민원의 해결법 및 청소법 등에 관한 다양한 꿀팁이 있다.
- 이야기: 호스트들의 희로애락 및 숙소 운영에 관한 애로 사항, 세금 등에 관한 다양한 이야기를 나눈다.

- Q&A: 고객 응대 방법을 비롯해서 게스트의 문의에 어떻게 답변해야 하는지 등에 대해서 공유한다.
- 이벤트: 쉐어&하우스 연구소의 다양한 이벤트와 정기모임 등의 정보를 안내한다.
- 벼룩시장 & 매물 거래: 숙소 운영 중 남는 물품 등을 거래하고, 현재 운영 중인 숙소의 매물 거래가 이루어진다.

쉐어&하우스 연구소 주요 게시판 소개

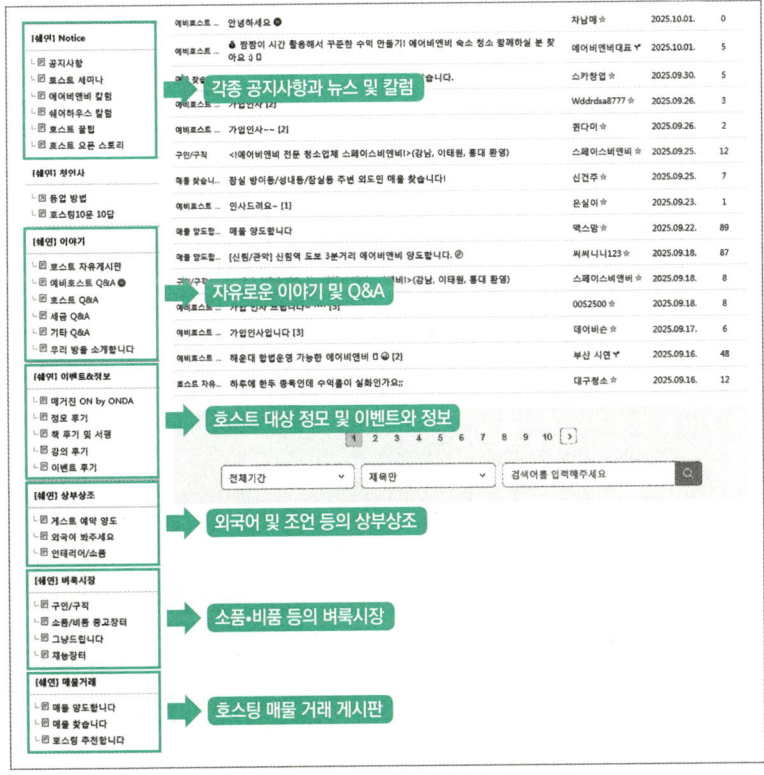

Chapter
9

세금 문제 해결하기

외국인 관광 도시민박업은 과세 관청에서 정한 부가가치세 일반과세 대상이다. 따라서 세법상 부가가치세와 종합소득세(개인) 신고 및 납부의 의무가 있다.

게스트하우스 선정부터 사업자 등록까지의 절차

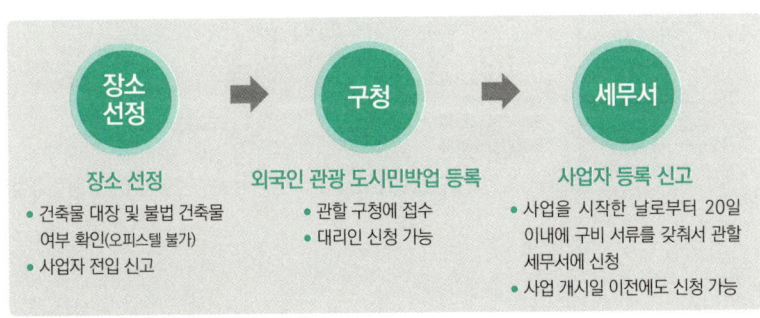

외국인 관광 도시민박업 등록을 하고 사업자 등록 신고까지 마치면 게스트하우스의 합법적인 운영이 가능하며, 일반과세자로서 부가가치세와 종합소득세를 납부해야 한다.

종합소득세 신고는 부가가치세 신고 자료 등을 참조하고, 사업과 관련된 모든 비용에 대해 적격증빙을 갖추는 것이 유리하다. 적격증빙이란 국세청에서 인정해 주는 거래에 대한 증거 서류를 말한다. 대표적인 증빙으로 세금계산서, 계산서, 신용카드 매출전표, 현금영수증 등이 있다.

게스트하우스를 운영하면서 아래와 같은 증빙 자료를 잘 챙겨 둔다면 합리적인 절세가 가능하다.

적격증빙(세금계산서, 계산서, 신용카드 매출전표, 현금영수증, 3만 원 이하 간이영수증)

세금 절약 노하우

- 인건비는 원천세 신고를 하고, 사업자 등록을 할 때 반기 납부를 반드시 신청한다.
- 소모품은 사업용 신용카드를 정해서 사용한다.
- 전기 등 부가가치세를 부담하는 경우에는 세금계산서를 요청한다.
- 현금 사용 시 반드시 적격증빙을 요청한다.
- 인테리어 등 큰 금액을 지출할 때는 증빙을 잘 챙긴다.

외국인 관광 도시민박업 부가가치세 내기

부가가치세란

부가가치세는 말 그대로 부가되는 가치에 덧붙는 세금이다. 거래 단계별로 상품이나 용역에 새롭게 부가되는 가치에 매기는 세금을 뜻한다. 부가가치세 과세 대상 사업자는 상품을 판매하거나 서비스를 제공할 때 거래 금액에 일정 금액의 부가가치세를 징수해서 납부해야 한다. 부가가치세는 물건과 서비스 가격에 포함되기 때문에 최종 소비자가 부담한다.

일반과세자와 간이과세자의 구분

부가가치세 과세 사업자는 일반과세자와 간이과세자로 나눌 수 있다. 간이과세자는 매출이 적은 사업자로, 보다 간단하게 부가가치세 신고 및 납부를 할 수 있다. 다만, 간이과세자로 등록되지 않는 경우도 있으므로 사전에 확인이 필요하다.

구분	일반과세자	간이과세자 (간이과세 배제되는 업종 및 지역 제외)	
	연간 매출액 1억 400만 원 이상	연간 매출액 1억 400만 원 미만	연간 매출액 4,800만 원 미만
납부세액	매출세액(매출액의 10%) - 매입세액(매입액의 10%)	매출세액(매출액×업종별 부가가치율×10%) - 매입세액(매입액의 0.5%)	부가세 신고 납부 면제
세금계산서 발급	세금계산서 발행	세금계산서 발행	세금계산서 발행 불가, 영수증 발행
매입세액 공제	전액 공제	매입액의 0.5%만 공제 가능	
의제매입세액 공제	모든 업종에 적용	일부 업종 제외	

※ 2024년 1월 1일 이후 개시하는 과세 기간부터 1억 400만 원으로 상향되었다. 납부 면제 기준인 4,800만 원은 그대로 유지된다.

도시민박업 부가가치세의 신고 및 납부 방법

도시민박업의 부가가치세는 기존 사업자와 같이 다음의 과세 기간에 신고 및 납부를 해야 한다. 신고 방법은 국세청 홈택스(www.hometax.go.kr)를 통해 신고하거나 우편 신고 또는 세무서를 직접 방문해서 신고하는 방법이 있다. 신고 기간 내에 정확히 납부까지 이루어져야 하며, 만약 신고하지 않을 경우 신고불성실 가산세와 납부불성실 가산세가 부과된다. 또 신고만 하고, 납부가 이루어지지 않는 경우에는 납부불성실 가산세(연이자율 약 10.95%)가 부과된다.

사업자	과세 기간	확정신고 대상	확정신고 납부 기간
일반과세자	제1기: 1. 1.~6.30.	1. 1.~6. 30.까지 사업 실적	7. 1.~7. 25.
	제2기: 7. 1.~12. 31.	7. 1.~12. 31.까지 사업 실적	다음 해 1. 1.~1. 25.
간이과세자	1. 1.~12. 31.	1. 1.~12. 31.까지 사업 실적	다음 해 1. 1.~1. 25.

세액 계산 방법

부가가치세의 세액 계산 방법은 일반과세자의 경우 매출세액에서 매입세액을 차감하면 된다. 즉 외국인 관광 도시민박업 게스트하우스를 운영하며 사업자 등록을 한 호스트라면 매출세액은 숙박 예약 대행 사이트 등에서 매출액을 조회하면 되고, 매입세액은 과세 기간 동안 수령한 세금계산서, 사업 경비로 사용한 신용카드 전표 등을 포함해야 한다.

- 일반과세자의 부가가치세는 매출세액에서 매입세액을 차감해서 계산한다.

  납부세액 = 매출세액(매출액×10%) - 매입세액(매입액×10%)

- 간이과세자의 부가가치세는 업종별 부가가치율을 적용한 매출세액에서 업종별 부가가치율을 적용한 매입세액을 차감해서 계산한다.

  납부세액 = 매출액×부가가치율×10% - 공제세액(세금계산서상 매입세액×부가가치율)

간이과세자의 업종별 부가가치율

업종	부가가치율
소매업, 재생용 재료 수집 및 판매업, 음식점업	15%
제조업, 농림어업, 소화물 전문 운송업	20%
숙박업	25%
건설업, 운수 및 창고업(소화물 전문 운송업 제외), 정보통신업	30%
금융 및 보험 관련 서비스업, 전문·과학 및 기술 서비스업(인물사진 및 행사용 영상 촬영업 제외), 사업시설관리·사업지원 및 임대 서비스업, 부동산 관련 서비스업, 부동산임대업	40%
그 밖의 서비스업	30%

매출액 조회 사례(에어비앤비의 경우)

Chapter 9 세금 문제 해결하기

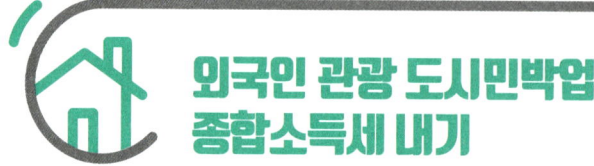

외국인 관광 도시민박업 종합소득세 내기

종합소득세란

종합소득세는 개인이 지난 1년간 경제활동으로 얻은 소득에 대해 납부하는 세금으로 2,000만 원 이상의 금융소득(이자, 배당소득), 근로소득, 사업소득, 연금소득, 기타소득을 합산해서 신고해야 한다.

사업소득 금액의 계산 방법

- 숙박 장부를 비치, 기장한 사업자의 소득금액은 다음과 같이 계산한다.

  소득금액 = 총수입금액 – 필요경비

- 장부를 비치, 기장하지 않은 사업자의 소득금액은 다음과 같이 계산한다.

    기준경비율 적용 대상자 소득금액

    = 수입금액 - 주요경비 - (수입금액 × 기준경비율)

    단순경비율 적용 대상자 소득금액

    = 수입금액 - (수입금액 × 단순경비율)

서울시에서 배포한 숙박 일지 양식

「외국인 관광 도시민박업」 숙박 일지

(주소지, 사업 명의자 기재)

연번	날짜*	성명**	국적	숙박 일수	수령 요금***
1					
2					

*   연도, 월, 일별로 쓰되 최초 입실 일을 기준으로 작성한다. 예시) 2018년 1월 1일
** 이름은 여권에 표기된 바에 따른다. 다만, 필요한 경우 발음되는 대로 한글로 기재할 수 있다. 일행이 있는 경우, 대표자 이름 외 인원수를 기입한다. 예시) James Peters 외 3명
*** 원화를 기준으로 하되, 외국 화폐로 받은 경우 화폐 명 또는 기호를 표시한다.
    예시) 2만 원 또는 20$

종합소득세 신고를 하지 않은 경우

종합소득세를 신고하지 않은 경우에는 세무서장이 조사하여 납부세액을 결정, 고지한다. 이것에 대한 제척기간은 7년이다.

만약 종합소득세를 신고하지 않으면 각종 세액공제 및 세액 감면을 받을 수 없으며, 발생한 결손금도 다음 해에 공제받을 수 없다. 또한 추가적으로 무신고 가산세(20% 또는 40%)와 납부불성실 가산세를 부담하게 된다.

세금 관련 주요 Q&A

외국인 관광 도시민박업 게스트하우스 창업 시 가장 큰 우려와 가장 많은 질문은 세금이 얼마나 되며, 어떠한 세금이 부과되느냐 하는 것이다. 하지만 세금에 관해 전문적으로 공부한 사람이 아닌 이상 정확한 계산은 쉽지 않다.

그래서 게스트하우스 창업자들이 많이 질문했던, 그리고 대부분의 사람이 공통적으로 궁금해하는 주요 사례를 정리했다. 다음의 사례들을 자신의 상황과 비교하면 부과되는 세금에 대해 대략적으로 가늠해 볼 수 있을 것이다.

사례 1

Q. 부모님께서 도시민박업을 할 예정입니다. 그런데 외국인 관광 도시민박업 등록을 하고, 사업자 등록 신고를 한 후 방을 빌려주더라도 연 2,400만 원이 안 될 것 같아요. 이런 경우 부가가치세는 면제되는 것인가요? 그리고 종합소득세는 얼마나 발생할까요?

A. 사업자 등록 신고를 할 때 간이과세자로 등록했다면 부가가치세는 신고만 하면 되고, 추가로 납부할 금액은 없다.

종합소득세는 2,000만 원 이상의 금융소득(이자, 배당), 사업소득, 근로소득, 연금소득, 기타소득을 합산해서 신고한다. 따라서 사업소득 이외의 다른 소득이 없다고 가정하면 다음과 같은 계산이 가능하다(사업소득 총수입은 2,000만 원으로 가정).

단순경비율을 적용한 종합소득세 산출 내역
(단위: 원)

구분	사업소득(외국인 관광 도시민박업)	비고
총수입금액	20,000,000	
필요경비	16,900,000	84.5%(단순경비율 가정)
사업소득금액	3,100,000	
소득공제	1,500,000	본인 1명만 소득공제 가정
종합소득금액	1,600,000	
세율	6%	
산출세액	96,000	
세액공제	70,000	표준세액공제 적용
결정세액	26,000	
지방소득세	2,600	
총 납부세액	28,600	

※ 단순경비율은 2024년 기준이며, 변동될 수 있다.

산출세액 = 과세표준(소득금액−소득공제)×세율

과세표준(소득금액−소득공제)	세율	누진공제
1,400만 원 이하	6%	−
1,400만 원 초과~5,000만 원 이하	15%	126만 원
5,000만 원 초과~8,800만 원 이하	24%	576만 원
8,800만 원 초과~1억 5,000만 원 이하	35%	1,544만 원
1억 5,000만 원 초과~3억 원 이하	38%	1,994만 원
3억 원 초과~5억 원 이하	40%	2,594만 원
5억 원 초과~10억 원 이하	42%	3,594만 원
10억 원 초과	45%	6,594만 원

사례 2

Q. 주택을 월세로 빌려서 게스트하우스를 운영하고자 합니다. 그런데 집주인이 자신이 내야 하는 재산세가 몇 배씩 올라간다고 걱정합니다. 제가 도시민박업 신고를 하고, 사업자 등록을 하면 집주인의 재산세가 기존에 비해 몇 배나 증가하나요?

A. 월세로 주택에 거주하는 경우에는 재산세 과세표준의 대상이 일반 건축물이 아닌 주택으로 계산되기 때문에 별도로 재산세가 증가하지 않는다. 그런데 만약 외국인 관광 도시민박업 사업자 등록을 하게 되면 주택을 사업용으로 이용하기 때문에 건물, 토지로 계산하여 일부 재산세가 증가할 수도 있다. 다만 재산세 계산 방식 등의 세부적인 차이가 존재하므로, 사전에 관할 시·군·구청 세무과에 문의하

는 것이 좋다.

또한 질문자의 사업자 등록으로 인해 집주인의 임대료 등이 국세청에 노출될 염려가 있어 집주인이 사업자 등록을 거부하는 경우도 있다.

다만 월세, 전세 등 임차의 경우에는 집주인의 동의서가 있으면 사업자 등록을 할 수 있다.

사례 3

Q. 부모님께서 도시민박업 사업자를 내고자 합니다. 원래는 부모님의 건강보험이 회사를 다니는 제 밑으로 되어 있어서 직장가입자로 계셨는데, 사업자를 내게 되면 지역가입자로 전환되나요? 그리고 4대 보험 비용도 따로 내야 하는 것인가요?

A. 사업자 등록을 한다는 것은 사업장 소유자가 된다는 의미. 사업자 등록 이후에는 건강보험 지역가입자로 전환될 수 있다.

만약 4대 보험에 가입해야 하는 정규직 종업원이 있다면 부모님 또한 사업장 직장가입자로 등록되며, 이에 따라 국민연금과 건강보험료를 납부해야 한다. 사업자는 다음 해 5월 종합소득세 신고 결과에 따라 그 이전 해의 건강보험료가 정산된다. 국민연금의 경우 최초 가입 시에는 기준소득월액을 기준으로 부과되고, 다음 해 5월 종합소득세 신고 시에 소득금액을 기준으로 변경되어 부과된다.

사례 4

Q. 도시민박업은 법인으로 신청할 수 있나요?

A. 외국인 관광 도시민박업은 사업자 등록을 내기 전 구청의 허가를 받아야 하는데, 집주인이 해당 집에 거주하면서 운영해야 한다는 규정이 있다. 따라서 법인으로는 신청이 불가하다.

사례 5

Q. 집주인이 주택임대 사업자를 가지고 있어요. 그런데 제가 도시민박업 등록을 하고, 사업자 신고를 내게 되면 주택임대가 아닌 사업장을 빌려주는 것으로 해석되어 종합소득세가 더 발생하나요?

A. 주택임대 사업자는 주택 임대를 장려하고자 하는 취지의 제도다. 따라서 5년 이상 의무 임대 등의 제한이 있고, 양도소득세 등에 있어서도 감면 혜택이 있다.

질문처럼 세입자가 사업자 등록을 하고 외국인 관광 도시민박업 게스트하우스를 운영할 경우 집주인은 종합소득세, 부가가치세, 양도소득세 등 여러 가지 감면 혜택 등을 받을 때 신중해야 한다. 과세

관청의 해석에 따라 감면 혜택 등을 일부 받지 못할 수도 있기 때문이다.

또한 주택임대 사업자 명의자와 외국인 관광 도시민박업의 명의자가 동일한 경우, 주택임대 사업자는 인정받지 못하며 조세특례제한법상 양도소득세 감면 등을 받았다면 추징될 우려가 있다.

사례 6

Q. 도시민박업 허가만 얻고 사업자 등록 신고는 아직 못 했어요. 사업자 신고 없이 4개월간 운영해서 약 700만 원가량의 수익이 났는데, 사업자 신고를 지금 하더라도 문제가 없나요, 아니면 벌금이 발생하나요?

A. 부가가치세법에 의하면 사업자 등록은 사업 개시일로부터 20일 이내에 하게 되어 있다. 따라서 사업자 미등록 가산세, 부가가치세 매입세액 공제 여부 등의 이슈가 발생할 수 있다.

예를 들어 7월 5일에 사업을 개시한 경우 7월 20일 이전에만 일반 사업자로 사업자 등록을 하고 7월 25일 이전에 부가가치세 신고 및 납부를 하면, 사업과 관련한 경비의 매입세액 공제는 가능하다. 다만, 사업자 미등록 기간의 매출에 대해 가산세가 별도로 부과될 수 있다. 따라서 매출이 발생하기 전에 사업자 등록을 하는 것이 유리하다.

하지만 만약 7월 20일이 지나서 8월 1일에 사업자 등록을 하면, 매입세액 공제는 불가하며 부가가치세에 대한 납부세액은 물론이고 무신고 가산세(20% 또는 40%)와 납부불성실 가산세도 추가해서 부담해야 한다.

참고로 사업자 등록은 사업 개시 전에도 할 수 있으며, 사업 개시 전 인테리어 등에 대해 세금계산서를 받을 경우 사업자의 주민등록번호로 발행받을 수 있다.

사례 7

Q. 지금 직장이 없는 학생입니다. 부모님이 지원해 주셔서 연남동 쪽에 주택이 하나 생겼습니다. 방 7개에 화장실 2개라서 연 4,000만 원가량의 소득이 예상되는데, 부가가치세와 종합소득세는 얼마나 나올까요?

A. 부가가치세는 첫해에 간이과세자 또는 일반과세자 중 어떻게 사업자 등록을 했는지에 따라 달라진다. 하지만 첫해에는 일단 간이과세자로 사업자 등록을 하는 것이 유리하다. 일반과세자는 1년에 2번 부가가치세 신고를 해야 하지만, 간이과세자는 매년 1월 25일까지 1번만 신고하면 된다. 또한 간이과세자는 업종별 부가율을 적용받

기 때문에 일반과세자에 비해 부가가치세 부담이 줄어든다.

일반과세자로 가정할 경우 연 매출 4,000만 원이라는 것은 과세가액 4,000만 원, 부가가치세 매출세액은 400만 원이라는 뜻이다. 여기서 전기료, 소모품 비용 등 부가가치세 매입세액 부분을 차감한 것이 납부세액이다.

또한 연 매출이 4,000만 원일 경우 단순경비율 또는 기준경비율 적용과 기장 여부에 따라 종합소득세가 달라진다. 단순경비율과 기준경비율은 사업 첫해와 직전 연도 수입금액에 따라 결정되며, 실제로 사업에 관련된 비용이 많으면 장부를 기장하는 것이 유리하다.

단순경비율과 기준경비율을 적용한 종합소득세 산출 내역

(단위: 원)

구분	단순경비율 (84.5%)	기준경비율 (26.9%)	비고
총수입금액	40,000,000	40,000,000	
필요경비	33,800,000	10,760,000	
사업소득금액	6,200,000	29,240,000	
소득공제	1,500,000	1,500,000	본인1명만 소득공제
종합소득금액	4,700,000	27,740,000	
세율	6%	15%	
산출세액	282,000	3,081,000	
세액공제	70,000	70,000	표준세액공제 적용
결정세액	212,000	3,011,000	
지방소득세	21,200	301,100	
총 납부세액	233,200	3,312,100	

※ 단순경비율과 기준경비율은 2024년 기준이며, 변동될 수 있다.

그런데 만약 장부를 기장하지 않는 사업자라면 전년도(신규 사업자는 당해 연도) 수입금액이 다음 기준금액 이상일 경우 기준경비율 적용 대상이 된다.

기장의무와 추계 신고 시 적용할 경비율 판단 기준

업종	복식부기 의무자	간편장부 대상자	기준경비율 적용 대상자	단순경비율 적용 대상자
가. 농업·임업 및 어업, 광업, 도매 및 소매업(상품중개업 제외), 부동산매매업, 아래 '나'와 '다'에 해당하지 아니하는 사업	3억 원 이상자	3억 원 미만자	6,000만 원 이상자	6,000만 원 미만자
나. 제조업, 숙박 및 음식점업, 전기·가스·증기 및 공기조절 공급업, 수도·하수·폐기물 처리·원료 재생업, 건설업(비주거용 건물 건설업 제외), 부동산 개발 및 공급업(주거용 건물 개발 및 공급업 한정), 운수 및 창고업, 정보통신업, 금융 및 보험업, 상품중개업, 욕탕업	1억 5,000만 원 이상자	1억 5,000만 원 미만자	3,600만 원 이상자	3,600만 원 미만자
다. 부동산임대업, 부동산업(부동산매매업 제외), 전문·과학 및 기술 서비스업, 사업시설관리·사업지원 및 임대 서비스업, 교육 서비스업, 보건업 및 사회복지 서비스업, 예술·스포츠 및 여가 관련 서비스업, 협회 및 단체, 수리 및 기타 개인 서비스업, 가구 내 고용 활동	7,500만 원 이상자	7,500만 원 미만자	2,400만 원 이상자	2,400만 원 미만자

예를 들어 음식점을 운영하는 사업자의 2015년 귀속 수입금액이 5,000만 원인 경우 2024년 5월(2023년 귀속) 신고 시 기준금액(3,600만 원) 이상이므로 기준경비율 적용 대상이다.

사례 8

Q. 직장을 다니면서 도시민박업 게스트하우스를 준비 중이에요. 현재 직장 소득이 연 4,800만 원가량이고, 게스트하우스를 운영할 경우 연 2,400만 원 정도가 추가로 발생할 것으로 생각돼요. 그러면 재산세나 건강보험료가 증가하나요? 만약 증가하게 되면 얼마나 많이 증가할까요? 또 부가가치세나 종합소득세를 내게 될까요?

A. 건강보험료는 사업소득에 따라 증가하지만, 정확한 금액은 소득금액에 따라 달라지기 때문에 사전에 건강보험공단 등에 문의하는 것이 정확하다.

종합소득세는 다음 해 5월에 근로소득과 사업소득을 합산 신고해야 한다. 사례처럼 2024년에 근로소득 총급여 4,800만 원과 사업소득 매출 2,400만 원이 있었다고 하면, 2025년 2월에 연말정산이 완료된 근로소득원천징수 영수증에 적힌 근로소득금액과 사업소득에 대해 추계(단순경비율 또는 기준경비율)로 계산되거나 장부가 기장되어 계산된 사업소득금액을 합산 신고해야 한다.

근로소득 총급여액이 4,800만 원이라면 근로소득공제, 기본공제 등 소득공제를 차감하고 난 과세표준은 종합소득세율 15% 구간 정도로 볼 수 있다.

여기에 합산할 사업소득이 단순경비율(84.5%)을 적용받는다고 가정하면, 합산할 사업소득금액은 3,720,000원이다(24,000,000원 - 20,280,000원). 따라서 아래와 같이 종합소득세와 지방소득세를 합친 총 부담액은 613,800원이다.

```
  종합소득세    3,720,000원 X 15% = 558,000원
+ 지방소득세      558,000원 X 10% =  55,800원
----------------------------------------------
= 총 부담세액                        613,800원
```

사례 9

Q. 외국인 관광 도시민박업의 세금은 어떠한 것을 언제 내야 하나요?

A. 외국인 관광 도시민박업 숙소를 운영하게 되면 부가가치세와 종합소득세의 신고 및 납부 의무가 있다. 이 중 부가가치세는 1~6월은 7월 25일, 7~12월은 다음 해 1월 25일까지 신고 및 납부해야 한다. 그리고 종합소득세는 당해 1월 1일~12월 31일까지의 소득에 대해 다음 해 5월 1일~5월 31일까지 신고해야 한다.

사례 10

Q. 오피스텔에서 숙소를 운영할 경우, 세금은 어떻게 되나요?

A. 오피스텔은 현행법상 도시민박업 신고를 할 수 없다. 하지만 외국인 관광 도시민박업으로 소득이 발생했다면, 등록 여부와 관계없이 부가가치세와 종합소득세 신고 및 납부 의무가 있다. 또한, 구청 등을 통해 단속 및 벌금 등이 부과될 수 있다.

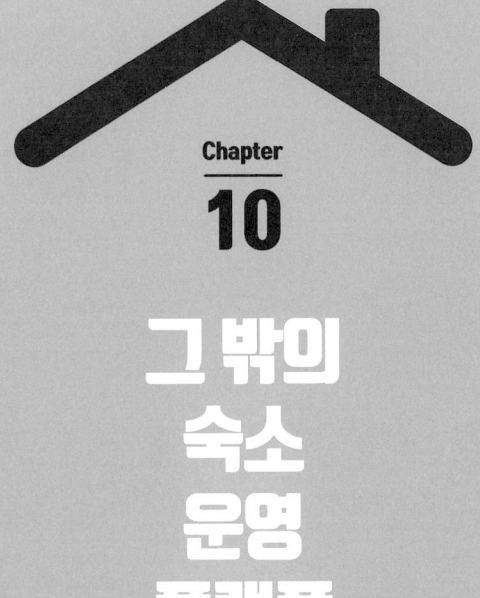

Chapter 10

그 밖의 숙소 운영 플랫폼

호스트로서 숙소를 운영하는 사람들 중 많은 사람들이 숙박 예약 사이트가 에어비앤비만 있는 것으로 생각한다. 그러나 전 세계적으로 BNBBed and Breakfast(아침 식사를 제공하고 가정적인 분위기를 연출하는 숙박 형태) 시장이 활성화되면서 많은 온라인 숙박 예약 시스템이 생겨났다.

호스트로서 공실을 낮추고 수익률을 최대화하며 각종 검색 사이트 및 SNS 채널을 통해 다양하게 숙소 홍보를 하고자 한다면 여러 숙박 예약 사이트 중 자신에게 맞는 숙박 예약 플랫폼을 활용해야 한다.

이번에는 에어비앤비 이외의 숙박 예약 플랫폼을 소개하며, 그 플랫폼들의 숙소 등록 방법 등에 대해 알아보자.

부킹닷컴Booking.com은 네덜란드 암스테르담에 본사를 둔 세계 최대 규모의 온라인 여행 플랫폼이다. 1996년에 설립되어 숙박시설 예약 서비스를 시작으로 현재는 항공권, 렌터카, 택시, 액티비티 등 다양한 여행 서비스를 제공하는 종합 여행 이커머스 기업으로 성장했다.

부킹닷컴은 아파트, 휴가지 숙소, 5성급 럭셔리 호텔, 게스트하우스와 같은 일반적인 숙박시설뿐만 아니라 트리하우스, 성, 글램핑장, 샬레 등 여러 가지 종류의 독특하고 이색적인 숙소를 전 세계에서 가장 많이 제공하는 플랫폼 중 하나다.

2025년 현재 부킹닷컴은 전 세계 220여 개 국가에서 780만 개 이상의 숙소를 제공하고 있으며, 플랫폼을 통해 전체의 약 50퍼센트를 선회하는 숙소가 예약 중이라고 한다.

부킹닷컴의 주요 특징

다양한 숙소 옵션

호텔, 아파트, 홈스테이 등 2,800만 개가 넘는 다양한 유형의 숙소 목록을 보유하고 있어 사용자의 예산과 선호도에 맞는 숙박 옵션을 제공할 수 있다.

강력한 온라인 마케팅

숙소가 전 세계 잠재 고객에게 많이 노출될 수 있도록 다양한 여행 사이트와 포털 사이트의 검색 광고 및 소셜 미디어의 바이럴 광고를 제공한다.

혁신적인 도구와 기능 제공

게스트의 예약을 유도하기 위해 숙소 노출이 최적화되도록 숙련된 전문가들이 최신 온라인 기술을 웹사이트 및 애플리케이션에 적용하고 있다. 최근에는 AI를 통해 게스트에게 가장 알맞은 숙소를 추천하는 최신 기술을 적용 중이다.

폭넓은 서비스

숙소 외에도 항공권, 항공권·호텔 패키지, 렌터카, 공항 택시, 투어 및 어트랙션 등 여행에 필요한 대부분의 서비스를 한 플랫폼에서 예약할 수 있다.

글로벌 네트워크

약 220개 국가 및 지역에서 서비스를 제공하며, 43개 언어를 지원하여 전 세계 여행객을 연결한다.

수수료 기반 비즈니스 모델

숙소는 부킹닷컴을 통해 전 세계 고객에게 노출되며, 부킹닷컴은 숙소 측으로부터 일정 금액의 수수료를 받는 방식으로 수익을 창출한다.

이용자 후기

부킹닷컴을 통해 숙박한 실제 투숙객의 후기가 3억 5,000만 건 이상 누적되어 있어 신뢰할 만한 검증된 정보를 바탕으로 숙소를 선택할 수 있다.

24시간 고객 지원

부킹닷컴은 24시간 고객 지원팀이 최대 43개국 언어로 숙소의 호스트와 고객을 지원하며, 전 세계 대부분 지역에서 부킹닷컴 고객 센터로 연락할 수 있다.

숙소 안전 제도

빌라, 아파트, 펜션, 샬레를 운영하고 있는 경우 투숙객에게 손해 보증금을 요구할 수 있다. 시설 파손 등 숙소에 피해가 발생하면 이 보증금으로 비용을 지불한다. 또한 보증금은 투숙객이 숙소 시설을 조심해서 사용하도록 유도하는 심리적 제어 장치로 쓰이기도 한다. 빌라, 아파트, 펜션, 샬레 이외의 숙소는 보험으로 보상받을 수 있다.

부킹닷컴에 숙소 등록하기

① 부킹닷컴 홈페이지 www.booking.com에 접속해서 오른쪽 상단의 '내 숙소 등록'을 클릭한다.

② 숙소 유형 대카테고리에서 자신의 숙소 종류를 선택한다.

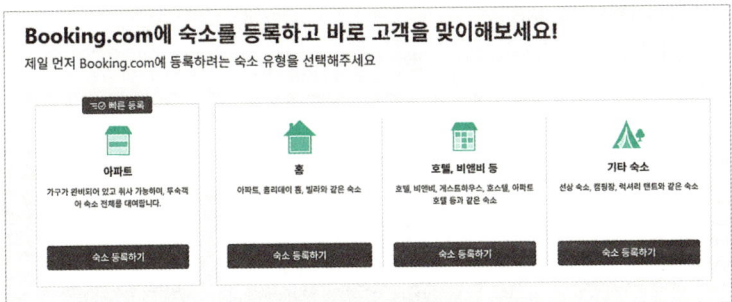

③ 숙소 유형 소카테고리에서 자신의 숙소 종류를 선택한다.

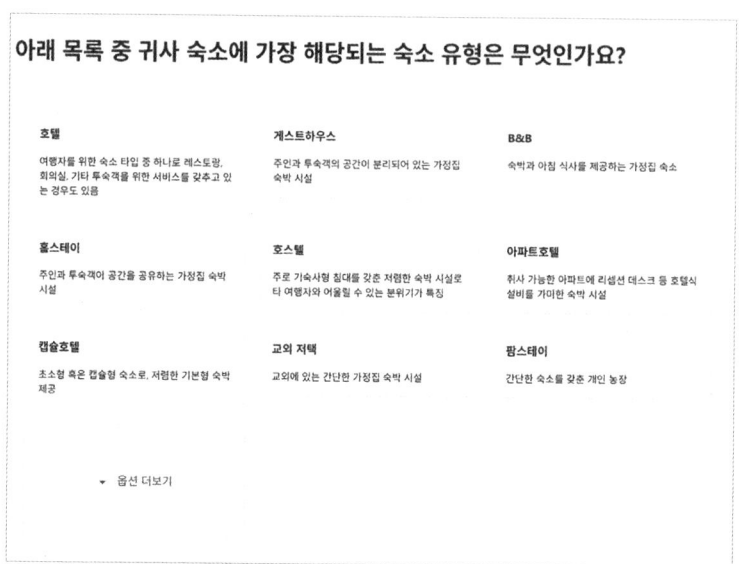

④ 숙소의 주소를 입력한다(우측 지도에서 화살표를 움직여 주소를 선택할 수도 있다).

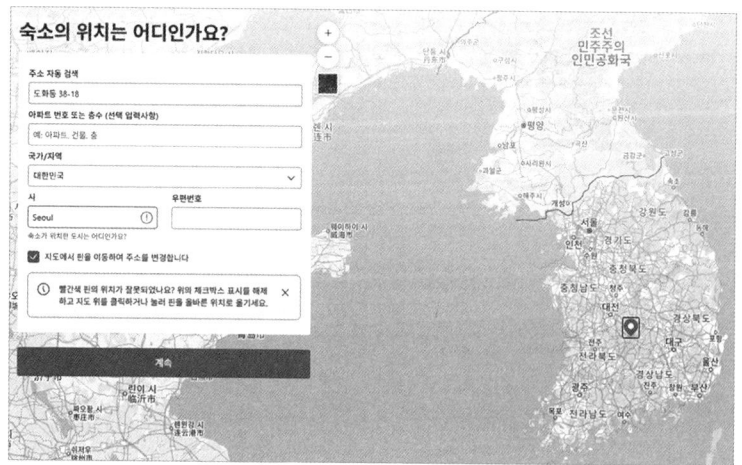

⑤ 호텔이나 숙박 관리 전문 회사가 아니라면 '아니요'를 선택한다.

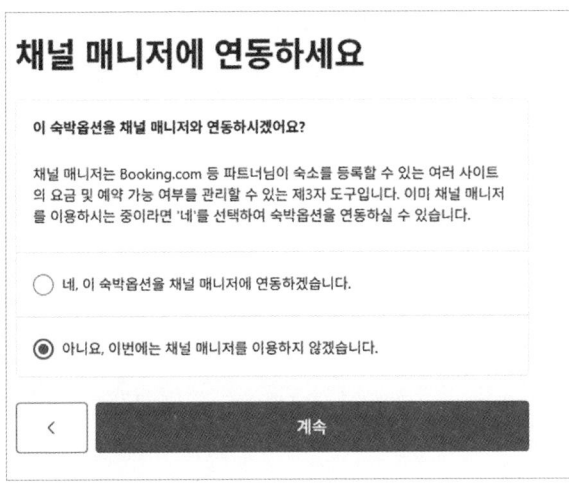

⑥ 숙소 이름을 설정한다. 숙소가 위치한 지역 또는 숙소의 특성(리버뷰, 시티뷰 등)이 드러나는 이름을 사용하면 예약 확률이 높아질 수 있으니 신중하게 결정한다.

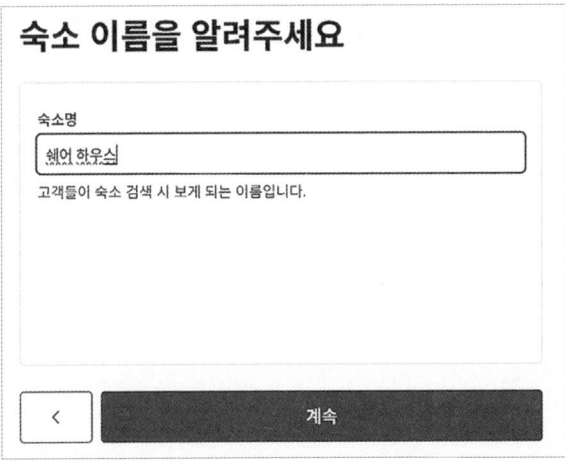

⑦ 제공할 수 있는 시설 및 서비스를 선택한다. 특히 '무료 Wi-Fi'와 '난방 시설' 및 '에어컨'은 필수이며, 추가로 '욕조' '수영장' '사우나' 등의 시설이 있다면 잊지 말고 꼭 체크한다.

⑧ 조식 및 주차 가능 여부를 선택한다. 조식은 우유와 빵 등의 아주 간단한 음식이라도 제공한다면 '네'를 선택하고, 주차 가능 여부는 내국인 투숙객의 숙박 예약에 큰 영향을 미치므로 공영 주차장일지라도 주변 안내에 꼭 포함한다.

숙소에서 제공하는 서비스

조식

조식 서비스를 제공하시나요?
○ 네
● 아니요

주차

투숙객이 주차장을 이용할 수 있나요?
○ 예 (무료)
○ 예 (유료)
● 아니요

< 　　　　　계속

⑨ 숙박 운영 시 가능한 언어를 선택한다. 외국어는 부킹닷컴에서 제공하는 언어 기능이 잘 갖춰져 있기 때문에 한국어만 선택해도 괜찮다.

⑩ 이용수칙을 입력한다. 이러한 이용수칙은 안내문으로 만들어 숙소 내에 필수적으로 붙여 두도록 해야 한다.

⑪ 호스트의 정보를 입력한다. 게스트가 숙소를 선택하는 데 도움이 될 수 있게 숙소 주변 관광지에 대한 안내, 주요 관광지까지의 거리 및 소요 시간 등을 입력해 두면 더욱 좋다(추후 계속 보완하며 수정할 수 있다).

⑫ 숙소 정보를 등록한다. 원 베드룸, 투 베드룸 등의 객실 정보를 등록하고 숙소 사진을 추가할 수 있다. 욕실 및 어메니티 정보와 숙소명까지 입력하면 등록이 완료된다.

⑬ 숙소의 1박 요금을 설정한다.

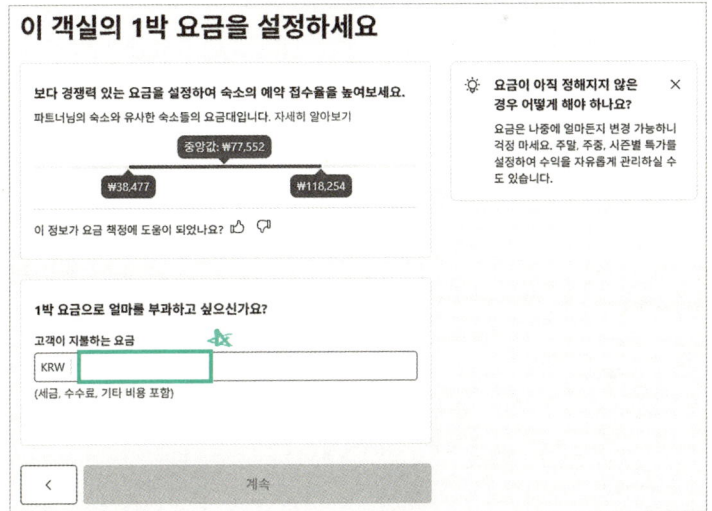

⑭ 인원에 따른 추가 요금과 취소 정책, 그리고 장기 투숙객 요금제를 설정한다(주 단위 요금제).

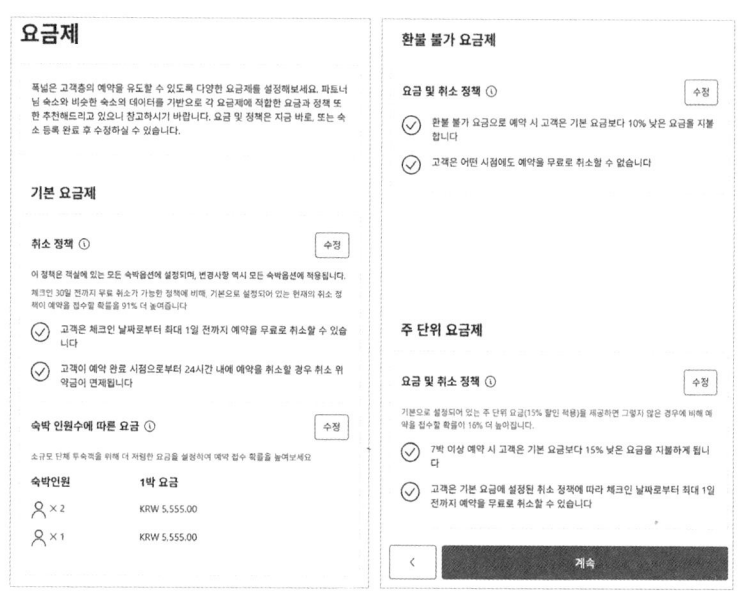

⑮ 결제 방식을 정한다. 결제 방식은 부킹닷컴의 결제에 맡기면 편리하다.

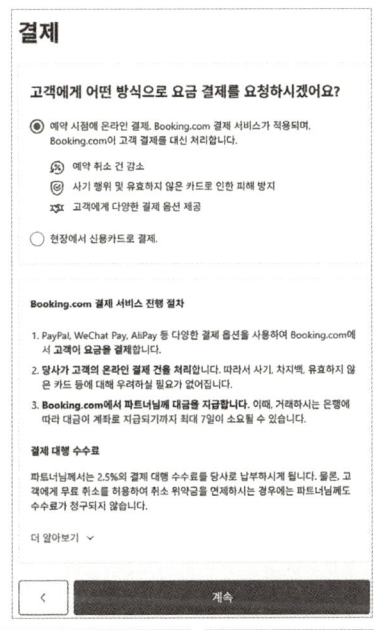

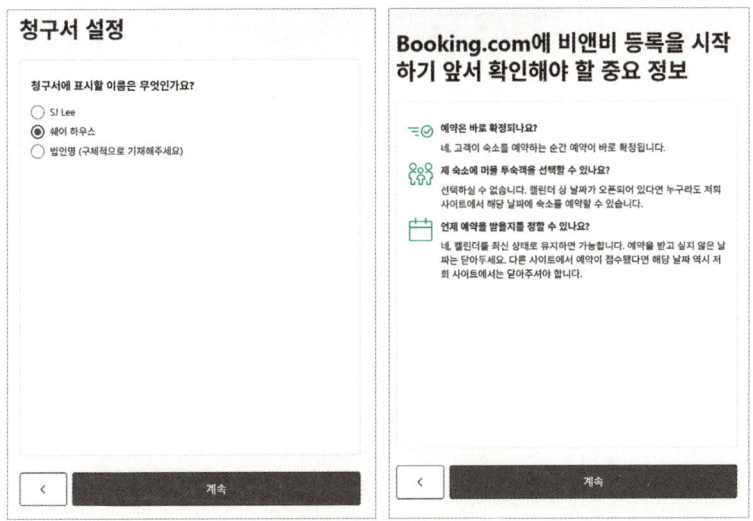

⑯ 정보 입력이 완료되었다. '등록 완료하기'를 누르면 숙소 판매가 시작된다.

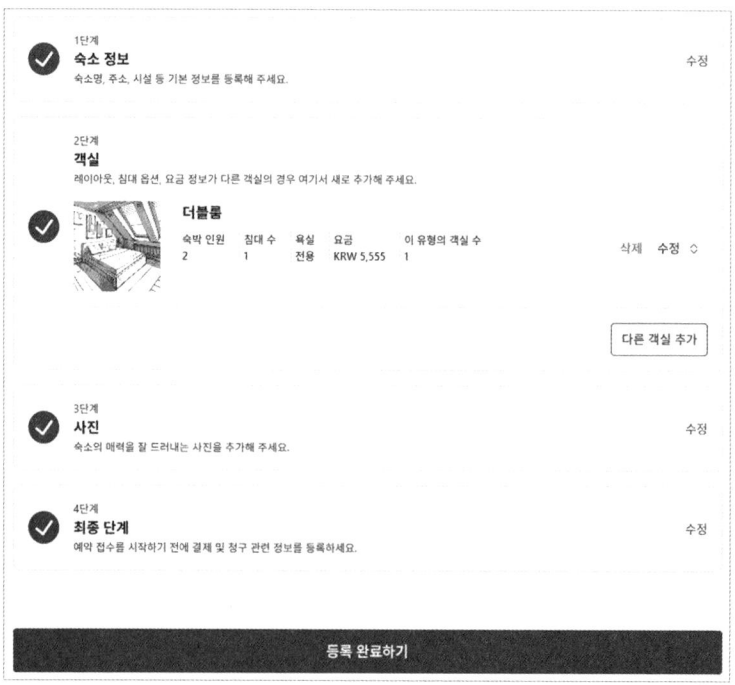

아고다

아고다agoda는 싱가포르에 본사를 두고 있는 온라인 여행 플랫폼 기업이다. 2005년부터 여행 예약 플랫폼을 운영해 온 아고다는 아시아 태평양 지역을 중심으로 전 세계 고객에게 숙박, 항공권, 액티비티 등의 예약 서비스를 제공하고 있다. 전 세계 600만여 개 호텔과 휴가용 숙소로 구성된 글로벌 네트워크를 바탕으로 누구나 합리적인 비용으로 어디든 여행할 수 있도록 다양한 상품을 지원하는 여행 토털 플랫폼이다.

아고다의 주요 특징

방대한 고객

글로벌 온라인 숙박 예약 사이트인 아고다는 약 1억 명 이상의 이용자와 2,000만 명 이상의 충성 회원을 보유하고 있다. 그중에서도 아시아 이용자의 비중이 높아서 아시아 국적 여행객이 많이 방문하는 한국 시장에 특히 강점이 있다.

다양한 언어 및 통화 지원

아고다는 39개 언어로 서비스를 제공하며, 40가지 이상의 통화를 지원한다.

판매 수수료 무료

호스트의 최초 등록비 및 멤버십 비용이 무료다. 호스트 친화적인 정책을 앞세우는 아고다에서 숙소 등록을 하면 게스트에게는 10%의 수수료가 부과되지만, 호스트에게는 일정 기간 수수료를 받지 않는다. 이는 업계 최저의 수수료 정책이다.

다양한 프로모션

숙박시설에 가장 어울리는 프로모션을 손쉽게 설정할 수 있다. 또한 자체 운영 중인 페이스북, 인스타그램 등의 소셜 미디어를 통해 호스트의 숙소를 무료로 홍보해 준다. 해외 유명인들과 연계해서 숙소를 무료로 제공하고 홍보하는 마케팅도 가능하다. 이러한 셀럽들은 SNS 팔로워가 수천만 명 이상이기 때문에 홍보 효과가 어마어마하다.

손쉬운 관리

다른 숙박 플랫폼과 달력을 연동하는 기능을 제공한다. 이를 통해 호스트는 여러 플랫폼에 반복해서 접속하는 번거로움을 최소화하며 숙소를 관리할 수 있다. 이처럼 아고다는 중복 예약을 방지하면서 호스트의 매출을 극대화해 주는 쉽고 편리한 숙소 관리 파트너다.

24시간 연중무휴 고객센터

아고다는 24시간 연중무휴로 고객센터를 운영한다. 게스트하우스, 펜션 등을 운영하면서 발생하는 게스트와의 각종 분쟁과 결제 및 숙박 예약 관련 문제를 대신 해결해 주기 때문에 호스트는 수월하게 숙소를 관리할 수 있다.

아고다에 숙소 등록하기

① 아고다 홈페이지 www.agoda.com에 접속해서 오른쪽 상단의 '숙소 등록'을 클릭한다.

② 아고다는 '다른 사이트에서 숙소 정보 불러오기'가 가능하다. 그러나 직접 작성하는 것이 올바른 정보 전달에 좋으니 '수동으로 숙소 설정하기'를 하기로 한다.

③ 전문적 숙박 운영 시스템이 아니라면 대부분 '주택형 숙소'에 해당한다.

④ 다음 카테고리에서 숙소의 형태를 선택한다.

⑤ '숙소명'은 숙소의 정체성을 보여 주면서도 게스트에게 각인될 수 있는 간결한 이름이 좋다. 숙소 주변의 랜드마크나 편의시설 정보를 넣어서 이름을 정하는 것도 좋은 방법이다. '숙소 성급'은 주변 숙소와 비교해서 결정하면 된다(아래 '숙소 성급 가이드라인' 참조).

숙소를 찾고 있는 여행객들을 정확히 사로잡아보세요!

선택 사항 표시가 없는 한 모든 정보는 필수 항목입니다.

Booking.com

Booking.com에서 숙소 정보 가져오기 (선택 사항)
Booking.com에 등록된 숙소 URL을 알려주시면 해당 숙소 콘텐츠 대부분을 불러오기 할 수 있습니다.

[URL을 여기에 붙여넣기를 해 주세요 (예: https://www.booking.com/hotel/th/property-name.ko.html)]   [불러오기]

숙소명
의미있고 마음을 끄는 숙소명을 사용해 보세요. 숙소명은 표준 템플릿을 통해 다른 언어로 자동 번역됩니다.

[쉐어하우스 연구소]
41

숙소 성급
숙소에 성급을 부여해 투숙객의 숙박 기대치 설정에 도움을 주세요 [도움이 필요하신가요?]

★ ★ ★ ★ ★

[다음]

숙소 성급 가이드라인

1성급
기본적인 것들이 구비되어 있으며 저예산 여행객의 관심을 끄는 가격을 책정합니다. 일반 여행객들은 부족하거나 불편한 점을 발견할 수도 있으나 경비를 최소한으로 사용하고자 하는 여행객들에게는 괜찮은 곳입니다.

2성급
기본적인 것들 외에도 추가 편의 시설/서비스가 있으며, 숙소는 아마 좀 더 좋은 위치에 있습니다. 가장 싼 가격을 이유로 선택한 숙소보다 더 편안해 저예산 여행객들에게 꽤 좋은 곳입니다.

3성급
평균 정도로 한두 가지 추가적인 장점이 있습니다. 일례로 편리한 위치, 평균 이상의 전망 혹은 좋은 욕실 등을 들 수 있습니다.

4성급
평균 이상으로 위치, 편의 시설/서비스, 가구, 전망 혹은 공간과 같은 다수의 장점이 있습니다. 여행 도시 혹은 주변 지역을 경험/여행하고자 하는 여행객들을 위한 곳입니다.

5성급
아주 좋고 설비가 잘 갖춰져 있으며 세세한 부분까지 신경 쓴 곳으로 완벽한 위치와 멋진 전망과 같은 많은 특장점이 있습니다. 여행자가 누릴 수 있는 최고의 환경입니다.

⑥ 숙소의 위치를 검색해서 주소를 찾는다. 주소가 명확하지 않으면 수동으로 핀을 움직여서 정확한 위치를 선택한다.

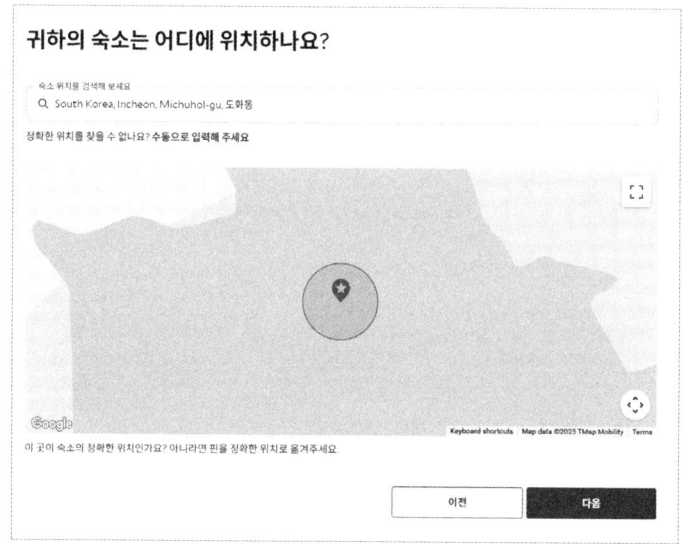

⑦ 그다음으로 환불 정책을 선택한다.

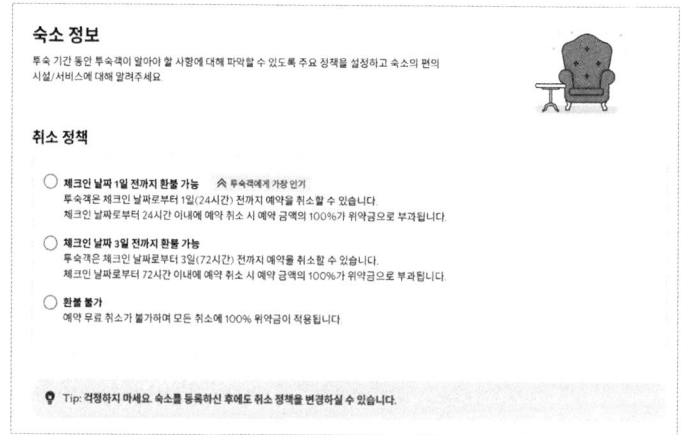

⑧ 숙소의 '체크인/체크아웃 시간'을 비롯해 기타 옵션을 선택한다. 이때 되도록 많은 정보를 입력하면 게스트의 불필요한 문의를 줄일 수 있다. '결제 정보'는 게스트가 숙소에 도착해서 현장 결제를 하는 경우에 필요한 옵션이다. 현장 결제 시에는 카드기를 설치해야 하거나 언제 도착할지 모르는 게스트를 계속 기다려야 하는 일 등이 생길 수 있으므로 온라인 결제를 선택하는 것이 좋다.

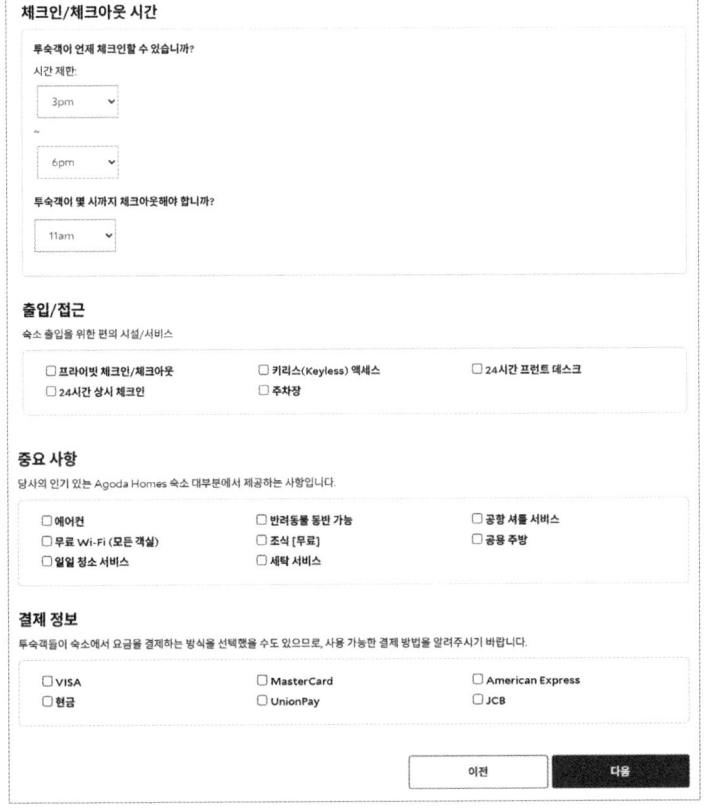

⑨ 숙소 요금의 설정은 기본 정보에 등록한 '투숙 인원'을 바탕으로 한다. 투숙 인원은 대부분 2인을 기준으로 하며, 추가 인원에 대한 요금 또한 설정한다. 추후 주말 및 특별한 날짜에 대한 특별 요금도 설정할 수 있다.

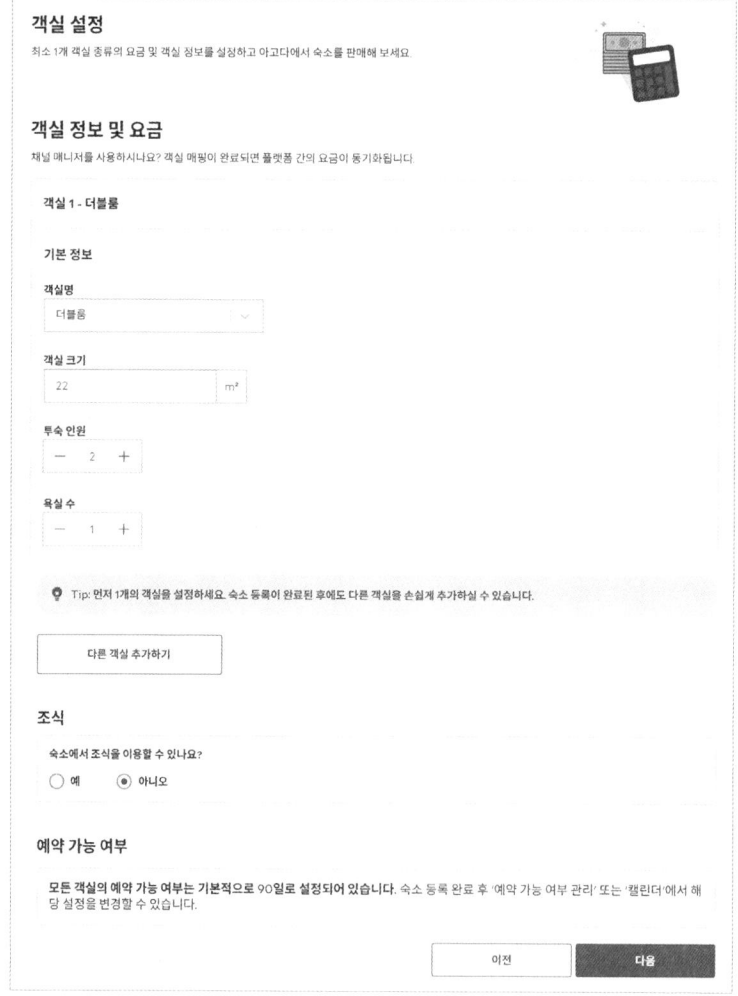

⑩ 숙소 사진을 올릴 때는 최소 20장 이상 업로드하고, 욕실 및 와이파이 등의 편의시설 사진도 추가하는 것이 좋다.

⑪ 호스트의 정보를 입력한다. 허가받은 허가증 또는 사업자와 동일한 이름을 입력해야 한다.

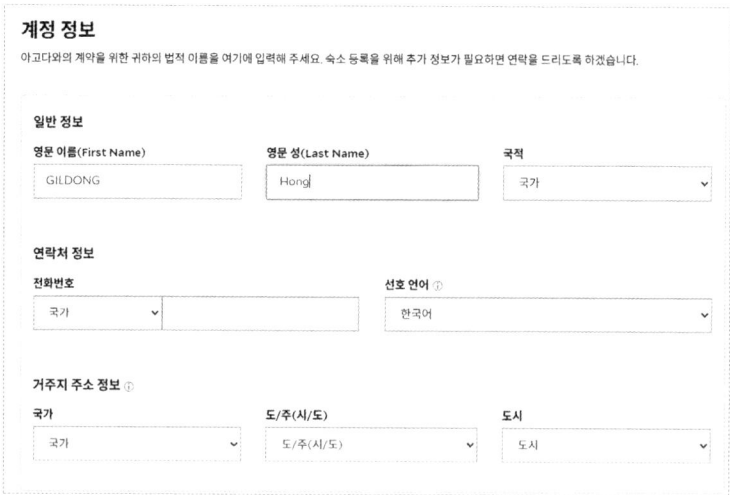

⑫ 숙박 요금 수령 방법은 은행 계좌로 입금을 받는 '은행 송금'을 추천한다. 가상 신용카드 옵션은 사업체가 아닌 개인 호스트가 이용하기에는 어려운 부분이 있다.

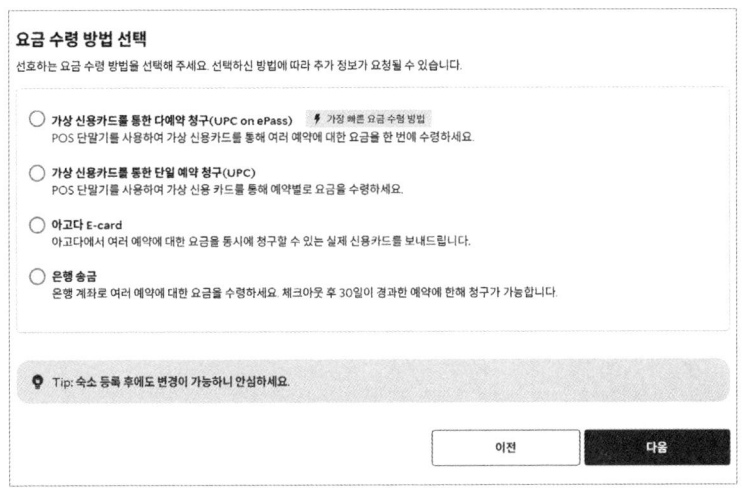

⑬ 마지막으로 약관에 동의하면 숙소 등록이 완료되고, 이제 숙소 판매가 시작된다. 그런데 만약 입력한 정보가 부족하다면 아고다에서 메일 또는 유선으로 연락이 올 수도 있다.

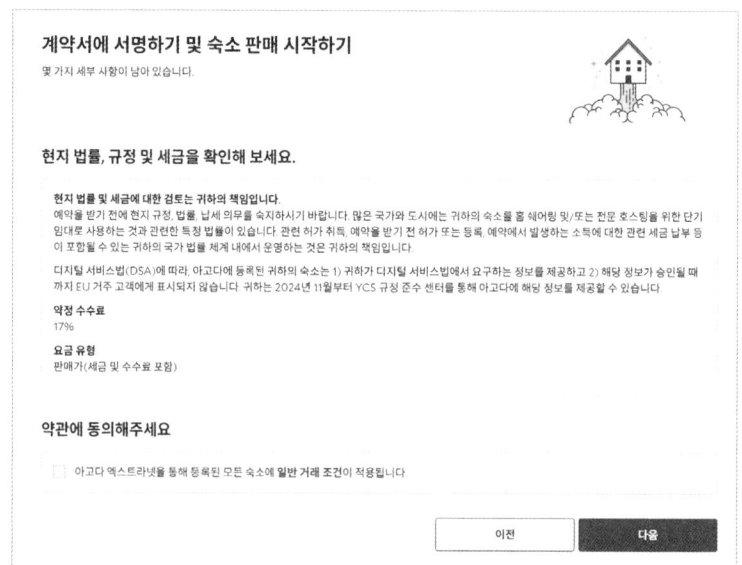

트립닷컴

트립닷컴trip.com은 상하이에 본사를 둔 트립닷컴 그룹 산하의 글로벌 OTA 기업으로, 글로벌 본부는 싱가포르에 있다. 중국 최대 온라인 여행사 씨트립Ctrip, 携程을 전신으로 하는 트립닷컴은 현재 세계 3대 온라인 여행사 중 하나로 꼽히며 아시아 1위 규모의 여행 플랫폼이라 자부하고 있다.

트립닷컴의 주요 특징

다양한 언어 및 통화 서비스

트립닷컴은 39개 국가 및 지역에서 24개 언어, 35개 현지 통화로 이용할 수 있도록 서비스되고 있다.

광범위한 네트워크

전 세계 220개 국가 및 지역의 3,400개 공항을 연결하는 600개 이상의 항공사와 170만 개 이상의 호텔로 구성된 광범위한 호텔 및 항공 네트워크를 보유하고 있다.

24시간 다국어 고객 서비스

트립닷컴은 연중무휴로 24시간 다국어 고객 서비스를 제공하고 있다.

저렴한 가격

다양한 프로모션, 가격 알림 기능, 카드사 할인, 적립 및 친구 초대 등을 활용해서 상대적으로 저렴한 가격에 서비스를 이용할 수 있다.

AI 여행 서비스

최근 트립닷컴은 숙박과 액티비티 서비스를 비롯해 렌터카와 기차표까지 아우르는 여행 계획 AI를 도입하였다. 이를 통해 숙박을 알아보면 관련 항공권과 액티비티뿐만 아니라 렌터카 및 기차역까지 검색해서 예약해 주는 AI 여행 서비스를 선도하고자 한다.

트립닷컴에 숙소 등록하기

① 트립닷컴 홈페이지 trip.com에 접속해서 '숙소 등록'을 클릭한다.

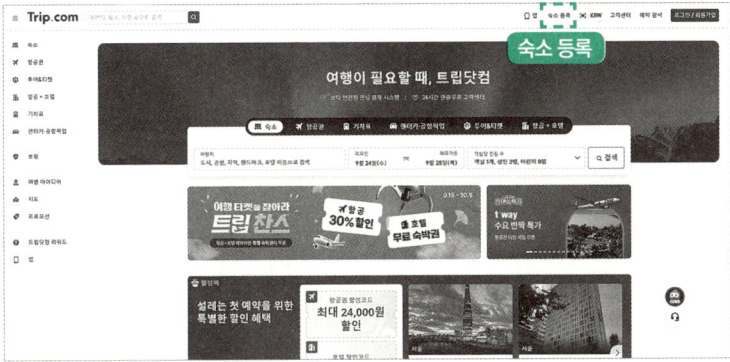

② 숙소가 위치한 국가를 선택한다(에어비앤비 호스트 중에는 한국어를 쓰지만 이집트, 일본, 유럽 등 해외에서 거주하며 게스트하우스를 운영하는 이들도 많다).

③ '다른 플랫폼에서 정보 가져오기'가 가능하지만, 이 기능을 사용하면 플랫폼별로 정보 유형을 지정하기 어려우니 직접 등록하는 것이 좋다. 추후 숙소 운영 플랫폼을 통합하면 된다.

④ 숙소 유형을 선택한다. 주택이나 아파트의 경우 '베드 앤 브랙퍼스트Bed and Breakfast, BNB'로 등록하는 것이 편리하다.

⑤ 숙소 이름을 정한다. 지역이나 주변 랜드마크를 포함하는 이름이 좋다(예: Seoul Station COZY K Style House).

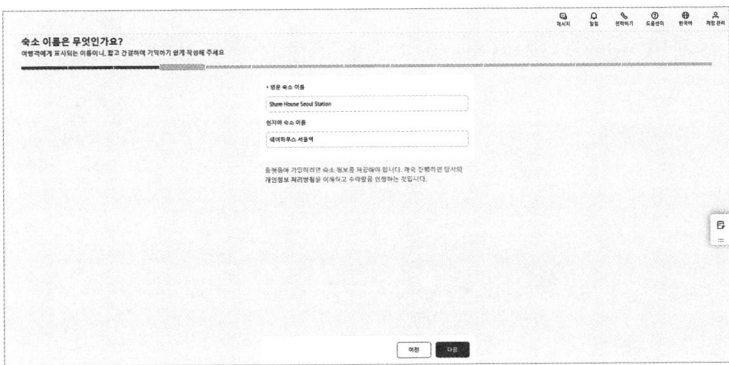

⑥ 주소를 등록한다.

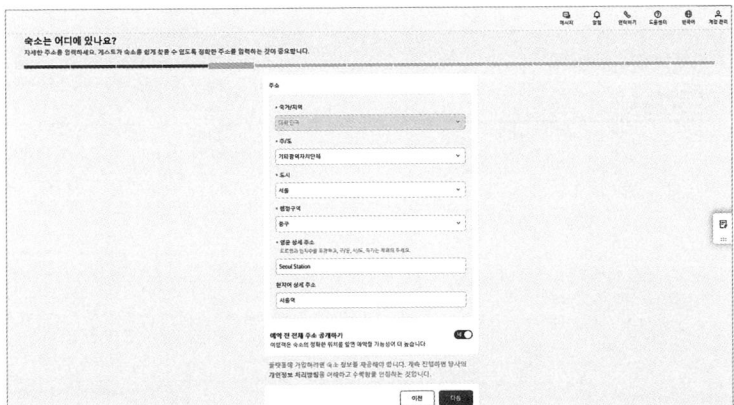

⑦ 주소의 위치가 정확하지 않을 경우 지도상에서 정확한 위치를 맞춘다.

⑧ 숙소를 대량으로 등록하는 게 아니라면 전부 '아니요'를 선택한다.

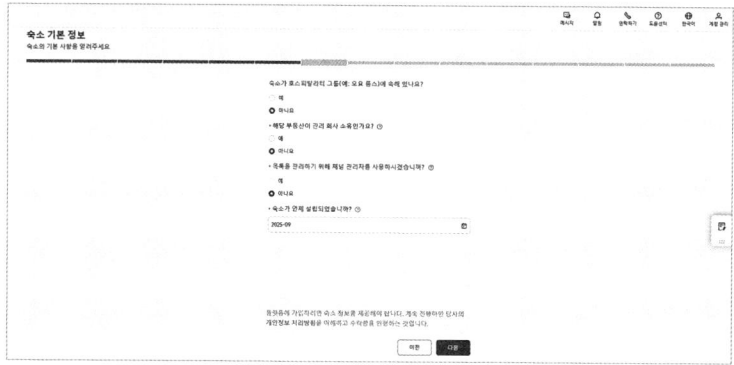

※ '오요 룸스Oyo Rooms'는 트립닷컴과 파트너십이 있는 여행 플랫폼이다.

⑨ 숙소의 성급은 주변 숙소와 비교해서 정한다. 그다음 호스트 정보를 입력한다.

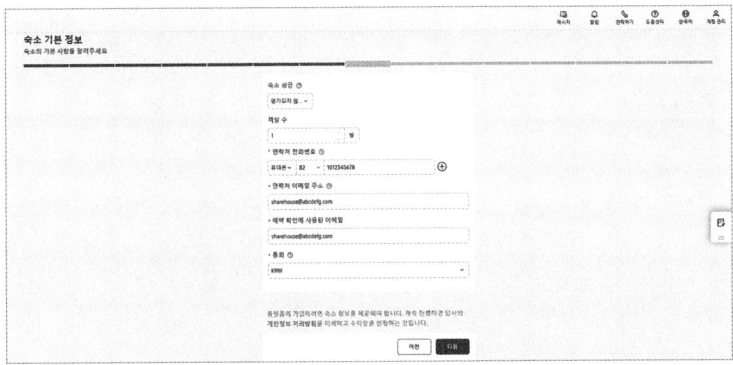

⑩ 정산 방법을 선택한 후 계좌 정보를 입력한다. 이때 '호텔에서 결제'는 비행기 연착을 비롯해 여러 가지 어려움이 있을 수 있으므로 '사전 결제'를 선택하는 것이 편리하다.

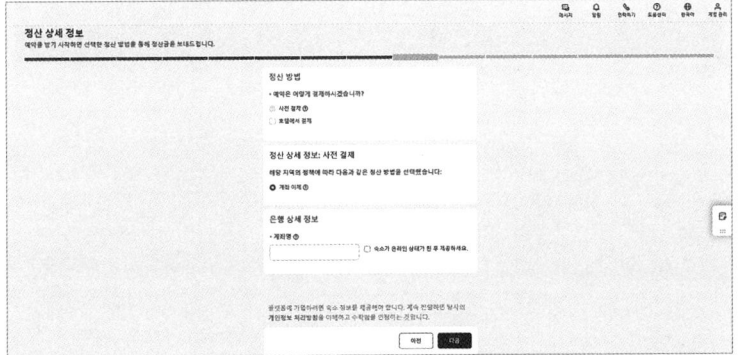

⑪ 숙소의 합법적인 운영과 서비스 제공에 대한 신뢰성을 확인할 수 있는 서류를 업로드한다. '추후 제공'을 선택할 경우 숙소 노출이 제한될 수 있다. 보통은 사업자 등록증을 많이 제출한다.

⑫ 계약 담당자(호스트)의 정보를 입력한다.

⑬ 숙소의 사진을 등록한다. 아시아 여행객이 많이 이용하는 플랫폼의 경우는 사진을 많이 업로드하는 것이 좋다.

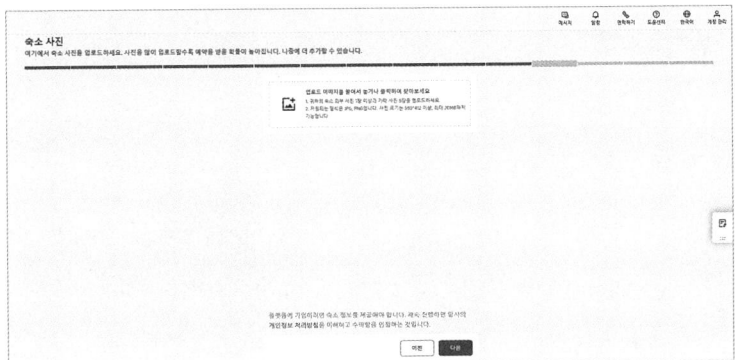

⑭ 숙소의 가격을 정한다. 숙소별 가격(객실당 가격) 또는 인당 가격(투숙객당 가격)을 다르게 설정하는 것이 좋지만, 일반적으로 예약률을 높이기 위해서는 숙소별 가격을 정하는 것이 좋다.

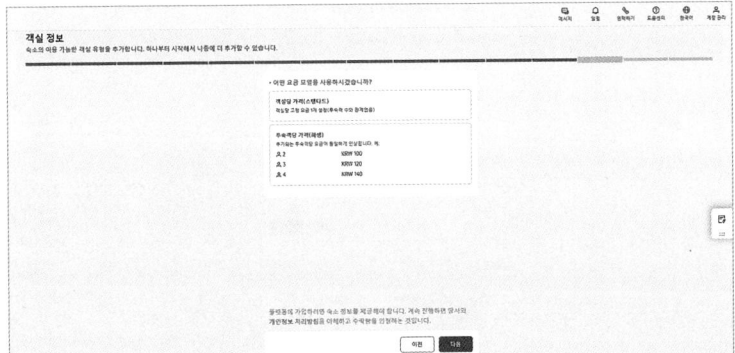

⑮ '숙소 규정'을 입력한다. 예약 후 체크인 가이드를 보낼 수도 있으니 간단하게 입력한다.

⑯ 숙소에서 제공할 수 있는 서비스를 선택한다.

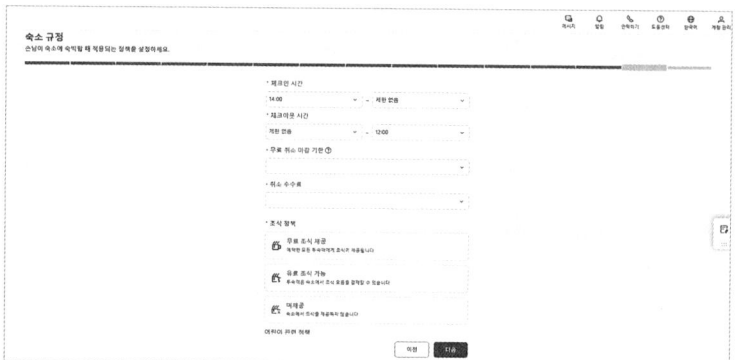

⑰ 동의서를 작성하고 숙소 등록을 마치면 아래와 같이 숙소가 리스팅되고, 트립닷컴의 내부 심사를 거쳐서 최종 승인되면 숙소 노출이 시작된다.

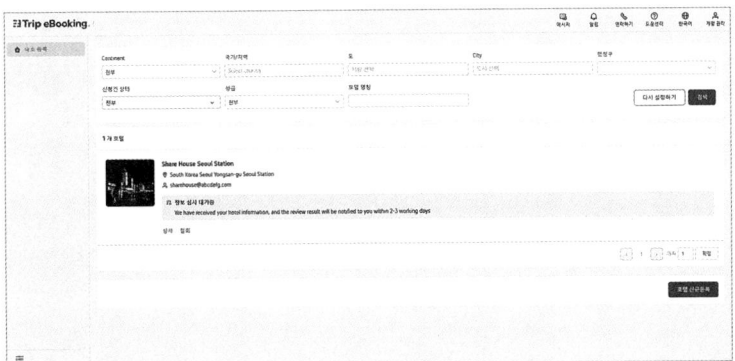

(에필로그)

두 마리 토끼를 잡다

먼저 쉽지 않은 내용을 끝까지 읽어 준 여러분께 감사드린다.

사람들 사이에 "에어비앤비 호스트는 불법이다"라는 인식이 널리 퍼져 있어서 쉽게 접근하기 어려운 점이 있으나 외국인 관광 도시민박업, 농어촌민박업 등 다양하고 합법적인 방법이 있다는 사실을 알려드리고 싶었다. 그리고 무엇보다 실수와 실패를 겪지 않는 호스트가 되는 방법을 알려드리고 싶었다.

도심 속에서 조그마하게 게스트하우스를 운영하거나 귀촌해서 펜션 등을 운영하고픈 예비 창업자들과 이미 숙소를 운영 중인 호스트들에게 이 책이 많은 도움이 되었으면 한다.

일각에서는 "게스트하우스 호스트는 편하잖아!"라고 말하기도 한다. 하지만 호스트는 절대 쉽지 않다. 호스팅은 육체적 노동인 동시에 감정 노동이기도 하다. 남편의 수입만으로는 생활비가 부족해서 에어비앤비를 통해 게스트하우스를 창업한 호스트는 숙소 운영으로 약간의 수익이 생겨 아이 교육비와 생활비에 보탬이 되었다고 좋아했지만, 이따금 있는 게스트들의 컴플레인과 좋지 않은 언행 등으로 인한 감정적 소모가 심하다고 하소연하기도 한다. 또한 연세가 있는 액티브 시니어 호스트들은 기분을 상하게 하는 어린 게스트 친구들의 무례함에 호스트로서 회의감이 들기도 한다고 말한다.

그럼에도 많은 호스트가 숙소를 운영하는 이유는 다른 업종에 비해 창업 비용이 적게 들고, 내 집 없이 월세로도 운영이 가능하기 때문이다. 카페, 치킨집, 중국 음식점 등을 창업하려면 적지 않은 금액이 들 뿐만 아니라 질이 좋지 않은(?) 손님도 더 많다. 힘든 청소와 약간의 컴플레인 등으로 인한 괴로움은 다른 어떤 사업을 해도 발생할 수 있는 작은 하소연에 불과할 수도 있다. 따라서 투자 대비, 그리고 노동 대비 호스팅은 꽤 괜찮은 수익 창구다.

호스트는 또 다른 추억의 역사책이다.

많은 사람이 들렀다 가는 게스트하우스를 운영하다 보면 가끔 친구처럼 지내는 게스트들도 생긴다. 그들이 한국에 올 때마다 반드시 내 숙소에 머무르지는 않아도, 굳이 찾아와서 케이크도 가져다주고 가끔씩 다른 게스트들도 소개해 주면서 나를 웃음 짓게 만든다. 내 페이스북 계정을 보고 생일 파티를 해 주는 게스트도 있다.

대학생 때 한국에 놀러 왔던 게스트가 어엿한 직장인이 되어 우리나라로 출장 와서는 나에게 선물을 주겠다며 몇 시간 동안 집 앞에서 차가운 손을 호호 불어 가며 기다렸다면, 어느 누가 감동을 받지 않을 수 있을까?

수년간 이런 게스트들이 남기고 간 방명록과 전 세계 각지에서 온 다양한 친구들이 선사해 준 여러 가지 추억들. 이런 것들로 인해 게스트하우스 운영이 내 인생에 추억으로 자리 잡았으며, 생활의 또 다른 활력이 되곤 한다.

취업의 어려움이 여전한 가운데 코로나19 팬데믹 사태까지 겪고 나니, 삶의 방향 자체가 달라진 사람들이 많다. 특히 직장이나 직업에 얽매이기보다는 자기만의 삶을 추구하는 젊은 디지털 노마드(디지털 유목민)가 늘어났다. 그에 따라 약간의 정체기를 겪었던 게스트하우스 창업에도 새로운 활기가 돌기 시작했다.

최근에는 외국인 관광객의 여행 붐이 일어나면서 서울역, 명동부터 부산, 제주까지 게스트하우스를 창업할 매물을 찾아서 임장을 다니는 사람도 종종 있다. 이들은 주로 노트북을 가지고 카페에 앉아서 숙박 OTA 및 소셜 미디어를 활용해 운영과 마케팅을 하고 숙소 청소와 관리는 전문 업체에 맡기는 젊은 디지털노마드들이다.

부동산 지식이나 마케팅에 관한 자신만의 전문성을 바탕으로 일과 일상을 균형 있게 설계하는 모습이 이전 세대와는 확실히 차별화된 모습이다. 누군가는 왜 꾸준히 직장을 다니면서 성실하게 미래를 준비하지 않냐고 할 수도 있지만, 그들이 추구하는 삶은 직장에 묶여 있는 것이 아니라 자유롭게 시간을 활용하면서도 경제적 압박을 느끼지 않고 최대한 행복한 삶을 사는 것이다.

옳다거나 틀렸다는 흑백의 논리로 이들을 판단할 수는 없다. 사실 부업에 대한 수요는 언제나 있어 왔다. 과거에는 직업을 보완하는 것이 부업이었다면, 지금은 진짜 하고 싶은 일을 위해서 생활을 뒷받침해 주는 것이 부업이라고 생각한다.

개정판을 준비하면서 디지털노마드를 희망하는 청년 호스트와 디지털 및 AI에 막연한 어려움을 느끼는 시니어 호스트가 한 발짝 나아갈 수 있게 도움을 주고 싶었다. 2025년 현재 기준에 맞추어 최대한 내용을 수정하고, 숙소 상위 노출 방법을 업그레이드하는 동시에 자기만의 브랜딩 가치를 높이는 방법을 추가했다. 또한 합법적으로 안정적인 숙소 운영을 할 수 있도록 미스터멘션 및 위홈을 활용하는 방법도 제시하고 있다.

초판을 출간했을 때와 달라진 현실에 맞추어 조금 더 넓게, 멀리 보며 유연하게 게스트하우스를 운영할 수 있기를 바라며 작업했다. 여러분이 이 책을 통해 새로운 삶의 한 페이지를 열었으면 좋겠다. 또한 좋은 추억도 쌓고, 높은 수익도 내는 성공적인 호스팅을 하길 기원한다!

나는 집도 없이 에어비앤비로 월세 받는다

초판　1쇄 발행　2018년　3월 10일
초판　4쇄 발행　2022년　9월 30일
개정판 1쇄 발행　2025년 10월 30일

지은이　캐스퍼

펴낸이　김연홍
펴낸곳　아라크네

출판등록　1999년 10월 12일 제2-2945호
주소　서울시 마포구 성미산로 187 아라크네빌딩 5층(연남동)
전화　02-334-3887　　팩스　02-334-2068

ISBN 979-11-5774-783-2 03320

※ 잘못된 책은 바꾸어 드립니다.
※ 값은 뒤표지에 있습니다.